INTERPRETATIONSHILFE DEUTSCH

Sophokles

Antigone

Interpretiert von
Friedel Schardt

STARK

Meinem verehrten Lehrer, Herrn Dr. Heinz Munding.

Bildnachweis
Bühnenfoto der *Antigone*-Inszenierung von Marion Poppenborg,
Württembergische Landesbühne Esslingen, Mai 2000.
Ina Köster in der Rolle der Antigone
Foto: Markus Benk, Esslingen

ISBN: 3-89449-511-1

D-85318 Freising · Postfach 1852 · Tel. (0 81 61) 1790
u 05-01

Inhalt

Autor: Friedel Schardt

Vorwort

Liebe Schülerin, lieber Schüler,

diese Interpretationshilfe zur *Antigone* des Sophokles ermöglicht es Ihnen, sich sowohl auf den gesamten Unterricht zum Drama als auch gezielt auf einzelne Stunden sowie auf mögliche Klausuren und das Abitur vorzubereiten.

Zunächst werden Sie vertraut gemacht mit den **biografischen** und den **mythischen Zusammenhängen**, innerhalb derer der Stoff des Dramas zu sehen und zu verstehen ist. Ein knapper Überblick vermittelt Ihnen Kenntnisse zur **Theatergeschichte** und zu den **Aufführungsbedingungen** der Zeit des Sophokles.

Im nächsten Abschnitt können Sie sich einen Überblick über den **Inhalt** und den **Aufbau** der *Antigone* verschaffen. Dabei sind Abschnitt für Abschnitt erläuternde Kommentare sowie erste Interpretationsansätze angefügt.

Im Kapitel **Textanalyse und Interpretation** werden die einzelnen Figuren charakterisiert und ihre Beziehungen zueinander dargestellt und erläutert. Der nächste Abschnitt konzentriert sich dann auf wesentliche Probleme, die im Zusammenhang mit dem Drama zu erläutern sind. Dabei geht es um die Frage nach der Schuld, aber auch um das Spannungsfeld Staatsgesetz–göttliches Gesetz und schließlich um den zentralen Konflikt. Ausführungen zum Menschenbild des Sophokles sowie zu möglichen politischen Hintergründen der *Antigone* runden das Kapitel ab.

Abschließend finden Sie Informationen zur **Rezeptionsgeschichte** sowie einige **Literaturhinweise**.

Friedel Schardt

Einführung

Die *Antigone* des Sophokles stellt wohl eines der bedeutendsten Dramen der Theatergeschichte dar. Der Konflikt zwischen Individuum und Staat, die Ansprüche, die der Staat an das Individuum stellt, aber auch die Ansprüche, die das Individuum für sich reklamiert, erregen bis heute das Interesse nicht nur der Regisseure, sondern auch der Zuschauer. Es gab sogar Zeiten und Länder, in denen Aufführungen der Tragödie aus politischen Gründen unerwünscht waren.

Seit Aristoteles, dem griechischen Philosophen, haben Theoretiker immer wieder auf die *Antigone* zurückgegriffen, um ihre Dramentheorie zu dokumentieren bzw. um gegenüber *Antigone* eine neue Theorie zu entwerfen.

Für uns heute mag zwar einiges an der Form befremdlich erscheinen (nicht nur die Sprache ist gewöhnungsbedürftig; auch die mythischen Anspielungen bleiben erst einmal dunkel), der Chor wirkt ungewohnt und trotz allem sind die Figuren, wenn wir sie genauer betrachten, noch sehr aktuell. Dies gilt nicht nur für Antigone, die Widerstand leistet und auf ihrem Anspruch besteht, sondern auch für den Staatsmann Kreon, der sich mehr und mehr verrennt, für den Wächter, der eine typische Untertanenmentalität an den Tag legt, aber auch für Haimon, der Antigone liebt und in eine heftige Auseinandersetzung mit seinem Vater gerät.

Je mehr wir uns auf die Figuren einlassen, um so mehr stellen sich Sympathie oder Antipathie, Mitleiden und vielleicht auch Zorn ein. So wird der Leser trotz der 2 ½ Jahrtausende, die zwischen Sophokles und heute liegen, immer wieder hineingezogen in die Auseinandersetzung.

Biografie und Entstehungsgeschichte

1 Zur Biografie des Sophokles

Politische Karriere

Geboren wurde Sophokles vermutlich 497/96 v. Chr. Er erlebte als junger Mann die großen außenpolitischen Erfolge der noch jungen athenischen Demokratie. Er war schon früh politisch tätig und bekleidete wichtige politische, aber auch militärische Ämter. Im Jahr 443/2 war er im Amt eines Helenotamias einer der zehn führenden Männer des attisch-delischen Seebundes und verwaltete mit seinen neun Amtsgenossen die Bundeskasse. Zweimal war er Stratege, also militärischer Befehlshaber, einmal gemeinsam mit Perikles (441–43), mit Thukydides zusammen 428 (das war in der ersten Phase des Peloponnesischen Krieges, dem so genannten Archidamischen Krieg 431–421). Nach der katastrophalen Niederlage des athenischen Heeres auf Sizilien gegen Sparta wollte man die radikale Demokratie, der man die Schuld an der Niederlage gab, einschränken und bildete ein Gremium der Probulen, das Vorberatungen zu einer Umstrukturierung in Angriff nahm. Sophokles gehörte diesem Gremium 413/2 an.

Statue des Sophokles im Lateran.

Religiöse/kultische Aktivitäten

Neben politischen Ämtern bekleidete Sophokles auch religiöskultische Ämter. So war er Priester des Heros Halon. Er soll auch entscheidend bei der Einführung des Asklepioskultes mitgewirkt haben. Nach seinem Tod wurde Sophokles dafür als Heros Dexion verehrt.

Literarische Aktivitäten

Schließlich war Sophokles als tragischer Dichter berühmt und verehrt. Er hatte ungewöhnlich viele Erfolge. So errang er bereits mit seiner ersten Tetralogie 468 den ersten Platz im Agon (siehe hierzu S. 7 f.). Insgesamt beteiligte er sich mit 30 Tetralogien am Agon. Dabei errang er 18 Siege. Letzter, so wird berichtet, wurde er nie. Sophokles gehört zusammen mit Aischylos und Euripides zu den großen Drei der griechischen Tragödie. Er soll 123 Stücke geschrieben haben, von denen sieben Tragödien und ein Satyrspiel erhalten sind.

Sophokles starb im hohen Alter 406/5 v. Chr.

2 Kulturgeschichtliche Zusammenhänge

Theater und Kult

Wenn auch die genaue Herkunft der griechischen Tragödie nicht exakt nachzuweisen ist, so dürfte doch feststehen, dass sie im Zusammenhang mit dem Dionysoskult entstanden ist. Darauf weisen die Masken hin, die die Akteure während der Aufführung tragen, aber auch der Name „Tragodia" verweist in die Richtung. Die Herkunft des Namens ist zwar umstritten, wahrscheinlich bezeichnete man damit ursprünglich den Gesang anlässlich eines Bocksopfers. Dieses Opfer stand im Zusammenhang mit dem Dionysoskult.

Möglicherweise ging die Tragödie aus einem erzählenden Gedicht, dem Dithyrambos, hervor, in dem ursprünglich Mythen balladenartig wiedergegeben wurden.

Schauspieler und Chor trugen Kostüme und Masken, die sie aus dem alltäglichen Geschehen heraushoben und damit als abstrakte Figuren auswiesen. Gerade das Tragen von Masken verhinderte dann auch den Einsatz einer ausgeprägten Mimik etwa zur Darstellung von Gefühlen. Alles musste durch die Sprache zum Ausdruck gebracht werden.

Steinerne Maske im Theater in Ostia antica. Foto: Friedel Schardt

Der Zusammenhang des Theaters mit dem Kult verweist auf zwei weitere Zusammenhänge: Zum einen ergeben sich Konsequenzen für den Stoff. Er wird – von wenigen Ausnahmen abgesehen – den mythischen Erzählungen entnommen. Dem Inhalt nach sind die Tragödien dem Publikum also schon vor der Aufführung bekannt. So kommt es den Zuschauern ganz darauf an zu beobachten, wie es dem Dichter gelingt, einzelne Handlungen zu verflechten, zu modifizieren, Verzögerungen einzubauen, die Beteiligten und ihre Anteile darzustellen, die Konflikte nachzuvollziehen, das Leiden und Ertragen von Schicksalsschlägen mitzuerleben. Zum anderen ist das Theater eng verbunden mit dem Staat, der Polis. Es ist fester Bestandteil des Staates, da es einen wesentlichen Teil des den Staat mitbestimmenden Kultes darstellt.

Heiliger Bezirk des Dionysos Eleuthereus

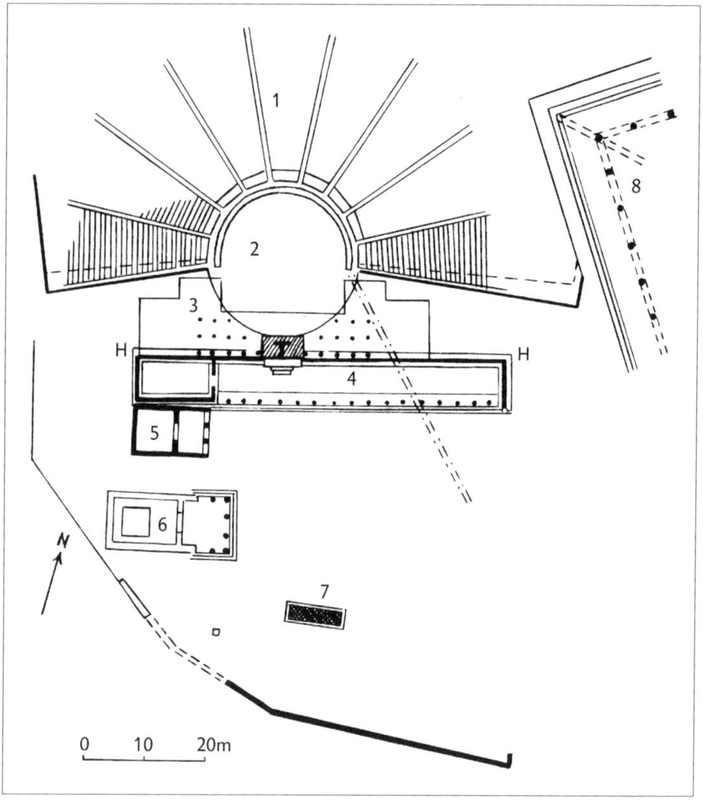

Zeichnung: Corinna Newiger nach Dinsmoor

1 Theatron
2 Orchestra
3 Skené
4 Halle
5 Alter Tempel
6 Neuer Tempel
7 Altar
8 Odeion des Perikles

H-H Breccia-Mauer mit Pfostenlöchern S 1–10
Punkte davor: weitere Pfosten (ergänzt)

T Breccia-Plattform
Die Treppe von Halle (4) zu Plattform T ist sehr zweifelhaft.

Aus: Hans-Joachim Newiger: *Drama und Theater*. In: Gustav Adolf Seeck (Hrsg.): *Das griechische Drama*. Wissenschaftliche Buchgesellschaft Darmstadt 1979, S. 494

Gespielt wurde im Dionysostheater, welches am Südhang der Akropolis lag und einen weiten Blick auf das attische Meer bot. Dieses Theater bestand aus einer leicht erhöhten Bühne (Skene), die nach hinten durch einen Hintergrund mit drei Türen abgeschlossen wurde. Vor der Bühne befand sich die Orchestra, der runde Platz, auf dem der Chor tanzte und sang. Zwischen der Orchestra und der Skene verlief der Párados, der Eingang, durch den der Chor einzog. Der große Zuschauerraum, das Theatron, von dem das heutige Theater seinen Namen hat, bot Platz für mehrere Tausend Zuschauer.

Das demokratische Athen im 5. Jahrhundert v. Chr. hat die Feier der Großen Dionysien sozusagen zum Staatsfest schlechthin erhoben. Das Fest bot eine geeignete Möglichkeit der Selbstpräsentation auch gegenüber den Bundesgenossen, die just zu diesem Zeitpunkt ihren jährlichen Tribut abzuliefern hatten. So konnte man Reichtum und Macht darstellen, aber auch die kulturellen Errungenschaften präsentieren in Form der musischen und dramatischen Wettkämpfe, die im Rahmen der Großen Dionysien stattfanden.

Im Mittelpunkt des Festes stand der Agon (Wettkampf) der tragischen Dichter. Erstmals hören wir vom Agon 534 v. Chr. Der Agon wurde – wie das gesamte Fest – von der Polis ausgerichtet. Der höchste Staatsbeamte, der Archon eponymos, war als Organisator verantwortlich für die Auswahl der Dichter (er wählte aus den Bewerbern drei aus) sowie für die Durchführung des Agon. Jeder Dichter musste eine Tetralogie (vier Stücke: drei Tragödien und ein Satyrspiel) einreichen, die dann als „Block" zur Aufführung kam. (Inhaltlich hatten seit Sophokles die einzelnen Stücke wenig miteinander zu tun.)

Finanziert wurden die Aufführungen durch eine indirekte Besteuerung wohlhabender Athener. Die Dichter führten selbst Regie. Sie inszenierten ihre Stücke mit den Schauspielern und dem Chor, der aus 15 athenischen Bürgern bestand.

Die Festtage waren so organisiert, dass zwei Tage vor Festbeginn Dichter, Schauspieler und Chor dem Publikum vorgestellt wurden. Am folgenden Tag wurde das Kultbild des Dionysos in einer großen Prozession von einem Platz außerhalb der Stadt in das Dionysosheiligtum überführt. Am ersten großen Festtag fanden eine Prozession ins Dionysostheater und ein Opfer statt. Dithyramben wurden aufgeführt. Hierbei traten die zehn Phylen (Verwaltungsbezirke; Stadtteile) Athens gegeneinander im Agon an. An den folgenden vier Tagen standen dramatische Aufführungen im Mittelpunkt: Am zweiten Tag wurden fünf Komödien, am dritten bis fünften Tag jeweils eine Tetralogie aufgeführt. Am Ende wurde von zehn gewählten Schiedsrichtern entschieden, welcher Dichter als Sieger aus dem Agon hervorgehen sollte.

Die Kontrolle des Festverlaufs war durch die Volksversammlung und durch ebenfalls vom Volk bestimmte Gerichte gewährleistet, so dass mögliche Manipulationsversuche weitgehend verhindert wurden. Der ordnungsgemäße Ablauf des Festes wurde zwei Tage nach Beendigung von einer Volksversammlung überprüft. Hier mussten der leitende Beamte wie die Richter Rechenschaft ablegen.

Im 5. Jahrhundert wurde jedes Drama nur einmal aufgeführt. Erst 456 wurde diese Regel durch einen Volksbeschluss durchbrochen und es wurde gestattet, die Stücke des Aischylos wieder aufzuführen. 386 wurde schließlich insgesamt die Wiederaufführung alter Tragödien gestattet.

Theater und Polis

Das Theater war, wie oben gezeigt, Sache der Polis und damit Sache der Bürger. Jeder athenische Bürger war berechtigt, am Dionysosfest am Gottesdienst und damit auch am Theater – sei es als Akteur, sei es als Zuschauer – teilzunehmen. Die Festtage waren als Staatsfeier geschützt, Verstöße gegen die Festordnung wurden als Religionsfrevel geahndet.

Das Theater war Sache der Bürger. Sie stellten die Chorsänger und die Schauspieler, auch die Dichter waren Bürger, ebenso die Kampfrichter und der leitende Beamte.

Es wird deutlich, dass eine enge Verflechtung zwischen der Tragödie und der Polis, dem Staatswesen, bestand. Das bedeutete gleichzeitig, dass die Zuschauer wie die Akteure sich stets bewusst waren, dass das, was sich auf der Bühne abspielte, nicht nur eine abgehobene Zeremonie oder bloße Unterhaltung war, sondern dass die abgehandelten Themen Probleme enthielten, die die Stadt angingen, sei es, dass sie (wie etwa in dem Stück *Die Perser* von Aischylos) Zeitgeschichte berührten, sei es, dass sie, wie das in der Regel der Fall war, Mythen wiedergaben und dabei aktuelle Bezüge erkennen ließen.

Gerade die Mythen versuchten, menschliche Erfahrung in Form von Geschichten bildhaft darzustellen. Dabei ging es immer wieder um Grundfragen nach Schuld, Schicksal und Verantwortung, um Grundfragen religiöser oder philosophischer Art, um Grundlagen des menschlichen (Zusammen-)Lebens und damit auch der politischen Gemeinschaft. Aber auch Fragen nach Gerechtigkeit und Macht, nach dem Anspruch des Staates und den Rechten des Individuums wurden mehr und mehr zum Gegenstand des Mythos und damit auch der Tragödie.

Wenn auch diese Fragen im Mythos in zeitloser Abstraktion dargestellt und beantwortet werden, so wird es wohl doch dem geistig und kulturell regen Bürger ohne größere Probleme möglich gewesen sein, direkte Bezüge herzustellen zwischen dem, was der Mythos oder dann auch die Verarbeitung in der Tragödie anboten, und den konkreten Gegebenheiten in seiner politischen Umgebung. Der griechischen Tragödie muss daher eine grundsätzlich politische Bedeutung zugesprochen werden. So kann man die *Antigone* des Sophokles auch lesen als Kritik an der Tyrannenherrschaft als einer unrechtmäßigen Regierungsform (siehe dazu auch S. 64 f.).

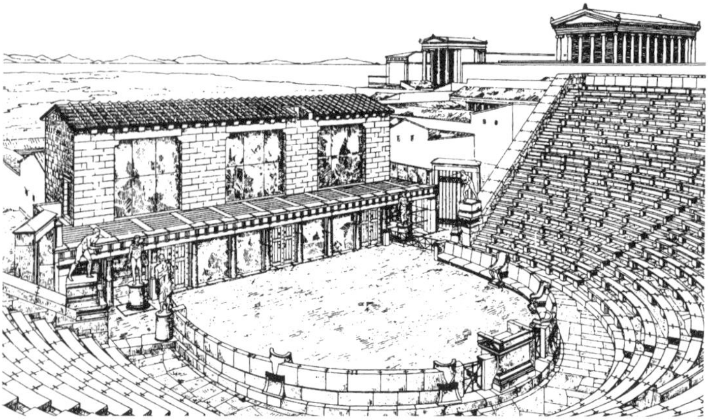

Priene, Blick auf das Theater mit Skene und Orchestra, im Zustand nach 150 v. Chr., aus Nordosten; im Hintergrund der Athena-Tempel

Priene, Theater. Zuschauerraum von Osten. Foto: J. Boardman, Oxford

Beide Abbildungen aus: *Die griechische Kunst.* Hgg. v. John Boardman, José Dörig, Werner Fuchs, Max Hirmer. München: Hirmer [3]1984. Hirmer Fotoarchiv München

3 Mythische Zusammenhänge

In der *Antigone* wird insbesondere vom Chor mehrmals auf die mythische Vorgeschichte Bezug genommen. Das Schicksal Antigones ist eng mit der Geschichte der Stadt Theben verknüpft; immer wieder wird in dem Stück auf die Vorgeschichte ihrer Ahnen verwiesen. Diese mythischen Zusammenhänge sollen deshalb hier kurz vorgestellt werden.

Der Fluch des Laios

Der Fluch, der auf dem Haus des Laios, des Königs von Theben, lastete, geht vermutlich auf eine Verfehlung des Laios zurück. Als dieser am Hof des Pelops von Pisa lebte, entführte er den Sohn seines Gastgebers und missachtete so das Gastrecht. Der Fluch, den er so auf sich lud, blieb nicht auf ihn als Person beschränkt, er setzte sich vielmehr fort und wurde gewissermaßen als „Erbgut" an die folgenden Generationen weitergegeben.

Laios, mit Iokaste verheiratet, wurde vom Orakel geweissagt, ein von Iokaste ihm geborener Sohn werde ihn töten. Das war der Grund dafür, dass er das Kind, das Iokaste ihm gebar, an den Füßen durchbohrte und auf dem Berg Kithairon aussetzen ließ. Der thebanische Hirte, der das tun sollte, missachtete den Befehl und übergab den Säugling einem korinthischen Hirten. Dieser wiederum gab das Kind weiter an das Königspaar von Korinth, das selbst kinderlos war und den Säugling als sein eigenes Kind behandelte. Sie nannten das Kind Ödipus. Das Kind wuchs heran. Eines Tages wurde Ödipus verspottet wegen seiner dubiosen Herkunft. Er zog deshalb nach Delphi, um sich dort Klarheit über seine Herkunft zu verschaffen. Es wurde ihm ein Orakelspruch zuteil, nach dem er seinen Vater töten und seine Mutter heiraten werde. Ödipus erschrak und nahm sich vor, nie mehr nach Korinth zurückzukehren, da er ja das dortige Königspaar für seine Eltern hielt. Er verließ Delphi und zog weiter.

Ödipus, König von Theben

König Laios von Theben zog nach Delphi, um das Orakel um Rat zu fragen. Denn ein weibliches Ungeheuer, die Sphinx, versetzte seine Stadt in Angst und Schrecken. Die Sphinx hatte sich auf den Mauern der Burg niedergelassen und fraß die Thebaner einen nach dem anderen auf. Die Bürger wussten sich keinen Rat mehr. Während Laios unterwegs war, blieb sein Schwager Kreon zurück und führte die Regierungsgeschäfte.

Ödipus kam zur selben Zeit von Delphi und wollte weiter nach Böotien. An einer Kreuzung begegnete ihm der Wagen des Laios. Der Wagenlenker forderte Ödipus auf Platz zu machen. Ödipus weigerte sich. Der Wagen des Laios fuhr weiter, so dass ein Wagenrad Ödipus' Fuß streifte. Im Vorbeifahren versetzte der Reisende Ödipus einen Schlag mit einem Stock auf den Kopf. Der jähzornige Ödipus tötete daraufhin den Fremden und sein Gefolge bis auf einen Knecht.

Ödipus zog weiter nach Theben. Dort war die Bevölkerung in Trauer um den ermordeten König. Kreon hatte nun demjenigen, der das Rätsel der Sphinx löste und die Stadt so von dem Ungeheuer befreite, die Herrschaft über die Stadt und die Hand seiner Schwester Iokaste versprochen. Ödipus löste das Rätsel der Sphinx, wurde König in Theben und heiratete Iokaste, ohne zu wissen, dass sie seine Mutter war. Mit Iokaste zeugte Ödipus zwei Söhne und zwei Töchter: Polyneikes, Eteokles, Antigone und Ismene. Viele Jahre später, als in Theben die Pest wütete, kam Ödipus' Frevel des Vatermordes und der Heirat der Mutter ans Tageslicht.

Ödipus vor der Sphinx. Rotfigurige Schale. Ca. 490/480 v. Chr. Vatikanische Museen, Rom. Foto: Archäolog. Institut, Freiburg

Die unmittelbare Vorgeschichte: Der Krieg

Nach der Entdeckung des Inzests erhängte sich Iokaste und Ödipus blendete sich. Er gelobte, sein Land zu verlassen, doch Kreon überredete ihn zunächst, noch einige Zeit zu bleiben. Seine Söhne Eteokles und Polyneikes vertrieben ihn dann aber. Seine Tochter Antigone begleitete ihn und so erreichten sie den Kolonos, wo Ödipus eine neue Heimat fand.

Die beiden Brüder verabredeten, die Herrschaft im jährlichen Wechsel auszuüben, gerieten jedoch bald in Streit und Eteokles weigerte sich, unterstützt von Kreon, die Herrschaft turnusgemäß abzutreten. Er vertrieb Polyneikes, welcher sich nicht so schnell geschlagen gab. Kreon versuchte, Ödipus zurückzuholen, da einem Orakelspruch nach der Ort, an dem Ödipus lebte, besonders gesegnet sei. Ödipus weigerte sich, Theseus (König von Athen) beschützte ihn und vertrieb Kreon. Polyneikes, der aus Theben vertriebene Bruder, zog nun mit einem argivischen Heer mit den „Sieben gegen Theben“. Nach längeren Kämpfen entschlossen sich die beiden Brüder, im Einzelkampf Mann gegen Mann die Entscheidung herbeizuführen. Sie töteten sich gegenseitig. Nach ihrem Tod übernahm Kreon wiederum die Herrschaft in Theben. König Kreon erließ gleich als erste Amtshandlung das Edikt, dass Eteokles als Verteidiger der Stadt begraben wird, Polyneikes als Landesverräter aber nicht bestattet werden darf. An dieser Stelle, im Morgengrauen des neuen Tages, setzt die Handlung der *Antigone* des Sophokles ein.

Antigone stützt den blinden Ödipus; darunter kämpfend: Eteokles und Polyneikes. Miniatur aus einer Ausgabe der Tragödien des Seneca, 1475; Venedig, Biblioteca Marciana

Inhalt und Aufbau

Der Aufbau der *Antigone* folgt dem genau festgelegten Schema der griechischen Tragödie. Dieses soll daher zunächst allgemein erläutert werden, ehe die konkrete Umsetzung in der *Antigone* behandelt wird.

An der Aufführung, also am dramatischen Spiel, sind zwei charakteristische Gruppen beteiligt: der Chor und die Schauspieler. Ihr Auftreten, d. h. der Wechsel zwischen vom Chor bestimmten Teilen und Teilen, in denen die Schauspieler agieren, bestimmt den Aufbau der klassischen Tragödie. Im 12. Kapitel seiner *Poetik* beschreibt Aristoteles diese typische Struktur. Nach seiner Auffassung gliedern die Chorlieder den Gesamtablauf. Dabei ist zu unterscheiden zwischen dem Parodos (das Lied, das der Chor während seines Einzugs singt) und den übrigen Liedern (Stasimon: Standlied). Die Bedeutung und Funktion dieser Lieder in Sophokles' *Antigone* werden wir später noch im Einzelnen zu erörtern haben.

Aristoteles unterscheidet nun hinsichtlich der übrigen Teile der Tragödie zwischen dem Prolog (damit wird alles bezeichnet, was vor dem Einzug des Chores spielt) und den Zwischenteilen (er nennt einen solchen Teil Epeisodion: alles, was zwischen zwei Chorliedern liegt). Schließlich gibt es noch den Exodos. Damit wird der Teil der Tragödie bezeichnet, der nach dem letzten Chorlied kommt.

Freilich wird diese strenge Untergliederung nicht immer durchgehalten. Der Chor wird enger an die Handlung gebunden und in das dramatische Geschehen hineingezogen. Er wird in einen Dialog mit einem Schauspieler (Kommos oder Amoibaion) verwickelt, er berät, nimmt Stellung.

Eine weitere Beobachtung, die mehr den „Inhalt“ der Tragödie betrifft, hält Aristoteles in seiner *Poetik* fest. Sie löste noch Jahrhunderte später heftige Diskussionen aus. Es ging um die berühmten „drei Einheiten“, d.h. die Forderung, eine Tragödie habe sich an einem einzigen Ort, zu einem bestimmten Zeitpunkt abzuspielen und sie soll durch eine einheitliche Handlung bestimmt sein.

Die Aufführung bestand nicht nur aus gesprochenem Text, es wurde auch gesungen und rezitiert.

Prolog

Inhalt: Antigone entschließt sich, das Bestattungsverbot, das Kreon erlassen hat, zu missachten. Sie fordert ihre Schwester Ismene auf, sie zu unterstützen, wird aber von Ismene enttäuscht und sieht sich auf sich allein gestellt. Das beeinflusst aber ihren Entschluss nicht entscheidend.

Dramatische Funktion / Thema: Ismene sieht in dem Verbot nicht nur Willkür des Herrschers. Sie spricht von ihm wie von einem Gesetz (59 f., 79). Darüber hinaus hält sie es für eine Dummheit, sich aus einer schwachen Position heraus der Gewalt des Herrschers zu widersetzen (61 ff., 90, 92). Für Antigone dagegen gibt es kein Zaudern oder Zögern. Sie sieht ihre Pflicht und ist bereit, diese zu erfüllen.

Der Prolog bringt die Exposition, also die Handlungsvoraussetzungen sowie das die tragische Verstrickung auslösende Moment. Das Bestattungsverbot wird vorgestellt, aber auch der Entschluss der Antigone, sich damit nicht abzufinden. Die Protagonisten lassen bereits ihre konstitutiven Eigenschaften erkennen: Antigone lernen wir als selbstsichere Frau kennen, die bereit ist, ihr Leben aufs Spiel zu setzen, wenn es darum geht, etwas, das sie als richtig erkannt hat, durchzusetzen. Kreon wird vorgestellt als Herrscher, der ein Gebot erlassen hat, ohne sich über die Tragweite seines Erlasses im Klaren zu sein.

Mit dem Erlassen des Bestattungsverbots stellt sich Kreon in die Tradition eines alten Brauchs, der den angreifenden Feind auch über den Tod hinaus als Feind betrachtet und ihm die Bestattung verweigert. So sollten selbst Todesmutige von Angriffen abgehalten werden, da man ihnen Strafe über den Tod hinaus androhte.

Das Bestattungsverbot steht andererseits schon immer im Gegensatz zu Verpflichtungen, die sich aus Verwandtschaft (oder Freundschaft) herleiten. Aber auch Weiterentwicklungen übergreifender Gesetze stehen dem Bestattungsverbot entgegen. Hier setzt Antigone ein, wenn sie Ismene auffordert, sie bei der Bestattung des Bruders zu unterstützen.

Mit dem Erlass des Bestattungsverbotes will der Herrscher Kreon mehrere Dinge erreichen:

- Er demonstriert seine Macht. Das ist notwendig, weil er diese Macht gerade übernommen, aber noch nicht gefestigt hat.
- Er setzt ein innenpolitisches Zeichen: Die Bürger sollen das Verbot akzeptieren und so zeigen, dass sie auf der Seite ihrer Polis stehen und keine Sympathien für den Aggressor haben.
- Er fordert die Priorität des Staatsgesetzes. Angesichts der politischen Gesamtlage kann er kein Gesetz akzeptieren, das über dem (von ihm erlassenen) Staatsgesetz steht.

Einzugslied des Chors (Parodos)

Inhalt: Der Chor begrüßt den neuen Tag, die strahlende Sonne, die Theben den Frieden bringt. Der Feind hat die Flucht ergriffen. Es wird erinnert an den heranstürmenden Polyneikes, der dem Adler gleich die Stadt bedrohte, der dann aber, selbst niedergeschmettert, vor der Stadt fiel wie die sieben Führer, die die sieben Tore Thebens bestürmten. So wird schließlich Nike (die Siegesgöttin) gefeiert. Theben kann den Krieg vergessen und sich dem Siegesfest zuwenden. Schließlich kündigt der Chor den Auftritt Kreons an, der nun wieder Herrscher in Theben geworden ist und den Chor als Ältestenrat hat zusammenrufen lassen.

Dramatische Funktion / Thema: In seinem Eröffnungslied informiert der Chor über die politische Gesamtlage in Theben, über den vorausgegangenen Krieg, über die Abwehr aller Bedrohungen und über den Tod der beiden Brüder Eteokles und Polyneikes. Die Stadt ist aus schwerer Gefahr errettet, sie hat einen neuen Herrscher: Kreon. In der letzten Strophe wird Wichtiges über die Zusammensetzung des Chors mitgeteilt: Es handelt sich um den Kronrat, der, von Kreon berufen, diesen in seinen Entscheidungen unterstützen soll.

Erster Akt (Erstes Epeisodion)

Inhalt: Kreon informiert den Ältestenrat über das Bestattungsverbot und über die Motive, die ihn bewogen haben, es zu erlassen. Er erwartet die Zustimmung des Chors und erhält diese auch. Kreon verweist auf seine Pflicht als Herrscher,

- der Unheil vom Volk abhalten soll,
- der all diejenigen achtet, die den Staat achten,
- der diejenigen verachtet, die den Staat gefährden.

In einer zweiten Szene tritt der Wächter auf, der an der Leiche des Polyneikes die Einhaltung des Bestattungsverbots überwachen sollte. Er berichtet davon, dass das Gebot des Kreon von einem Unbekannten missachtet und der Landesverräter Polyneikes bestattet worden sei.

Dramatische Funktion / Thema: Im ersten Teil des ersten Akts erläutert Kreon zunächst die Position des Chors als des Kronrats, der dem Staat bisher in allen gefährlichen Situationen treu gedient hat. Sodann gibt er die Grundsätze seines Regierungsprogramms bekannt. Zu diesen gehören:

- Beharrlichkeit, wenn es darum geht, an Entschlüssen festzuhalten (180),
- Unheil vom Volk abzuwenden (186),
- das Vaterland als höchstes Gut, das selbst über den Freunden steht, anzusehen (182 f.).

Von diesen Grundsätzen her erläutert Kreon das Bestattungsverbot und stellt den Zusammenhang dar, in dem es zu sehen ist. Kreon beschließt seine Rede an den Chor mit dem Hinweis auf die Unabänderlichkeit seines Willens und auf seine Bereitschaft, denjenigen zu achten, der für sein Volk einsteht.

Interessant erscheint die Reaktion des Chors. Er spricht Kreon das Recht zu, so zu handeln: „Nach jeglichem Gesetz steht dir wohl zu, / Mit uns, ob tot, ob lebend, zu verfahren." (213 f.) Niemand wird, so vermutet der Chor, den Mut aufbringen, das Verbot Kreons zu missachten. Aber – und hier erfahren wir ein erstes wesentliches Moment der Kreon'schen Denkweise – Kreon wittert überall und so auch hier Verrat und befürchtet, es habe sich bereits eine Widerstandspartei gebildet, die einen finden wird, der gegen Geld zur Übertretung des Gebots bereit wäre: „[...] manchem schon / Hat Hoffnung auf Gewinn den Tod gebracht." (221 f.)

Und prompt scheint sich Kreons Befürchtung auch zu bestätigen. Der Bote tritt auf und überbringt die Nachricht von der Übertretung. Der Chor wiederum wagt es, an diese Meldung eine Überlegung anzuknüpfen: Es könnte eine Gottheit gewesen sein, die sich hier eingemischt hat. Kreon weist den Chor schroff zurück, der Chor ist in Zukunft vorsichtiger mit seinen Meinungsäußerungen. Zweierlei wird hier deutlich: Wenn der Chor göttliches Eingreifen vermutet, so ist er nicht ganz von der Richtigkeit des Kreon'schen Verbots überzeugt. Und weiterhin: Der Chor steht als Figur in der Handlung, ist abhängig vom König und keineswegs eine Größe außerhalb. Er ist nichts anderes als der Durchschnittsuntertan in einem absolut regierten Staat.

Während der Wächter umständlich berichtet und immer wieder darauf bedacht ist, sein eigenes Leben zu schützen und darauf hinzuweisen, dass er unschuldig ist, rückt er nur nach und nach mit der tatsächlichen Botschaft heraus. Mehrmals kommt er auf die Situation und die Unbegreiflichkeit des Geschehens zu sprechen, verliert sich in hochtrabenden Sentenzen und lächerlichen Verklausulierungen. Kreon verliert mehr und mehr seine Haltung. Er argumentiert deutlich emotional, weist den Chor zurück und unterstellt dem Wächter ohne weitere Begründung Bestechlichkeit. Wiederum wittert er Verrat und vermutet den politischen Gegner hinter der Übertretung des Verbots.

Erstes Standlied des Chors (Erstes Stasimon)

Inhalt: Das Lied handelt von der zwiespältigen Natur des Menschen, von der Größe, der Macht und den Möglichkeiten, die der Mensch hat bzw. sich geschaffen hat.

In der ersten Strophe ist der Mensch derjenige, der das Meer bezwingt, der die Erde beackert. Die zweite Strophe zeigt den Menschen als denjenigen, der die Tiere (sowohl die Vögel als auch die Tiere des Meeres und des Landes) bezwingt und sich untertan macht. Die dritte Strophe schließlich bringt neben der geistigen Tätigkeit auch die Tendenz zur sozialen Organisation (Staat) zur Sprache. Der Mensch wird vorgestellt als derjenige, der sich eine Behausung schafft und sich gegen Krankheiten wehrt. Die letzte Strophe fasst zusammen, was der Mensch alles vermag: Nicht nur zum Guten wendet er sich. Er ist auch in der Lage, böse zu handeln. Wenn er aber im Rahmen des Rechts bleibt, so wird er stets geachtet sein im Volk, wenn nicht, so wird er ausgestoßen.

Dramatische Funktion / Thema: Möglicherweise wird das Lied motiviert durch die vorausgehende Meldung von der Missachtung des Bestattungsverbots. Bedenkt man, dass der Chor dieses Verbot als gerechtfertigt angesehen hat, so wird nun deutlich, dass er nachdenkt über die Möglichkeiten, die sich dem handelnden Menschen immer wieder eröffnen. Dabei steht im Mittelpunkt der Gedanke an die Größe des Menschen, die sowohl positiv als auch negativ gedeutet werden kann. Das deutsche Wort „ungeheuer“ vermag dies treffend zum Ausdruck zu bringen (im Sinne von „nicht ganz geheuer“ und im Sinne von „ungeheuer groß“). Die wesentlichen Merkmale, die das menschliche Tun charakterisieren, sind:

- Der Mensch macht sich die Erde untertan.
- Der Mensch macht sich alles untertan, was auf der Erde lebt.
- Der Mensch hat sich die Sprache geschaffen und ist in der Lage zu denken.
- Der Mensch vermag sich gegen die Widrigkeiten der Natur zu schützen und schafft sich ein Dach über dem Kopf.
- Der Mensch vermag sich zu wehren gegen Krankheiten. (Nur dem Tod entrinnt er nicht.)
- Der Mensch ist begabt: Es kann ihn zum Bösen wie zum Guten treiben.
- Der Mensch kann sich im Staat selbst organisieren.

Der Chor unterstreicht die zentrale Bedeutung, die er Gesetz und Recht beimisst: „Ehrend des Landes Gesetz / Und der Götter beschwornes Recht, / Ist er groß im Volk.“ (368 ff.) Nur der also ist zu achten, der im Rahmen des vom Staat gesetzten Rechts bleibt, der aber auch der Götter Recht nicht aus dem Blick verliert. (Möglicherweise kündigt der Chor, ohne es zu wollen, schon den Konflikt an zwischen dem dem göttlichen Recht verpflichteten Handeln Antigones und Kreon, der unbedingte Unterordnung unter das Staatsgesetz einfordert.) Eindeutig weist der Chor all diejenigen ab, die sich dem Unrecht verschrieben haben. Möglicherweise kann man von hier her auch auf eine negative Bewertung der Übertretung des Bestattungsverbots durch den Chor schließen. (vgl. ausführliche Interpretation des Liedes S. 61 ff.)

Zweiter Akt (Zweites Epeisodion)

Inhalt: Der Wächter tritt erneut auf und führt Antigone gefangen vor. Er berichtet, er habe sie dabei erwischt, wie sie ein zweites Mal das Bestattungsverbot übertreten und versucht habe, den toten Polyneikes zu beerdigen.

Recht umständlich erzählt der Wächter, wie Antigone ertappt und festgenommen wurde. Er selbst kann ihre Handlungsmotive nicht begreifen und ist froh, die eigene Haut gerettet zu haben.

So kommt es in einer zweiten Szene zum Verhör Antigones durch Kreon. Dabei geht es in Kreons Fragen um die bewusste Übertretung des erlassenen Gesetzes, seitens Antigones aber um die beschränkte Gültigkeit menschlicher Gesetze, wenn sie zu göttlichen Geboten in Konkurrenz treten. Kreon sieht im Verlauf des Verhörs in Antigone mehr und mehr die Überheblichkeit und den Trotz. Er übernimmt sogar kurzfristig ihre Perspektive, um ihr klar zu machen, dass es Polyneikes nicht wert war, dass sie seinetwegen ihr Leben riskiert und ihn bestattet.

Schließlich tritt auch Ismene auf und solidarisiert sich mit der Schwester. Sie behauptet, an der Tat beteiligt gewesen zu sein, und will die Schuld mittragen. Antigone bestreitet ihr das Recht sich so zu verhalten. Doch Ismene beharrt auf ihrem Standpunkt.

Am Schluss des Aktes kommen nochmals alle Figuren zu Wort. Antigone erinnert sich an ihren Bräutigam Haimon, Ismene versucht Kreon umzustimmen und der Chor konstatiert den Entschluss des Königs, das Todesurteil zu vollstrecken. Einen Versuch Kreon umzustimmen, wehrt dieser entschieden ab.

Dramatische Funktion / Thema: Der Chor kündigt in deutlichem Kontrast und dann auch in Fortsetzung dessen, was er gerade im Chorlied besungen hat, das für ihn Unfassbare an: Antigone wird auf die Bühne geführt. Der Chor fragt, was geschah, und äußert seine Befürchtung mit Worten, die deutlich an die Bewertung erinnern, die schon Ismene ausgesprochen hatte: „Sie haben dich doch / Nicht ergriffen bei sinnlosem Tun, / Wider Königs Gesetz dich empörend?“ (381 ff.)

Der Auftritt des Wächters trägt deutlich komische Züge. Der subalterne Mann gibt sich redselig, führt breit aus, füllt seine Rede mit Sentenzen, deren Bedeutung er wohl selbst nicht so ganz durchschaut. Dummdreist beschließt der Wächter seine

Aussage, glücklich, selbst der Gefahr entronnen zu sein: „Ich aber darf / Mich frei und ledig fühlen aller Schuld. “ (399 f.)

Im Verhör treffen die Positionen Kreons und Antigones direkt aufeinander. Dabei geht es nicht nur um den Konflikt zwischen der Verpflichtung, die der Einzelne dem Staat gegenüber hat, und der, die er der Familie schuldig ist, sondern es geht auch und vor allem um den Gegensatz von göttlichem Recht, das jederzeit und überall gilt, und menschlichem Recht, das, von Menschen gemacht und gesetzt, lediglich einen beschränkten Gültigkeitsanspruch erheben kann. Hier zeigt sich die Meinung Antigones besonders deutlich, dass der Staat in das göttliche Recht eingebunden ist und ihm nicht als gleichberechtigte Größe gegenübertreten kann.

Im Verhör geht Kreon zunächst juristisch einwandfrei vor und möchte feststellen, inwieweit es sich bei Antigones Handeln um eine bewusste Übertretung handelte. Antigone provoziert mit ihrer Antwort den Herrscher, indem sie seine Anweisung relativiert. „So groß / Schien dein Befehl mir nicht, der sterbliche, / Daß er die ungeschriebnen Gottgebote, / Die wandellosen, konnte übertreffen.“ (452–455) Sie ist sich ihres Standpunkts gewiss. Sie glaubt sich gerechtfertigt durch die „ungeschriebnen Gottgebote“, verweist auf die „Dike in der Totengötter Rat“ (451), die solche Gesetze, wie sie Kreon erlässt, nie erlassen hat. Darüber hinaus zeigt sie Mut und ist bereit zu sterben. Ja, sie behauptet geradezu: „Sterbe ich / Vor meiner Zeit, nenn ich es noch Gewinn.“ (461 f.) Kreon dagegen lässt sich weiter provozieren, zumal der Chor hier noch Öl ins Feuer gießt, wenn er sagt: „Des Vaters trotzige Art verrät das Kind.“ (471) Für Kreon ist Antigone „im Frevelmut schon Meisterin“ (480). Sie bricht erlassene Gesetze, prahlt noch mit ihrer Tat. Für Kreon steht fest: Das darf nicht ungestraft bleiben. Er weiß: Lässt er ihr das durchgehen, so ist er „kein Mann mehr, dann ist sie der Mann“ (485). Auch die nahe Verwandtschaft kann Antigone nicht mehr retten. Und doch beharrt sie darauf: „Die Blutsverwandten ehren schändet nicht." (511) Gerade der Tod gibt ihr das Recht, auch denjenigen zu ehren, der sich gegen das Vaterland gewandt hatte, denn „Hades [fordert] gleiches Recht". (519) Für Kreon ist dieser Standpunkt nicht nachvollziehbar, ihm gilt: „Nie, auch nicht wenn er starb, lieb ich den Feind." (522) Dem kann Antigone nur noch entgegnen: „Mitlieben, nicht mithassen ist mein Teil." (523)

Im Aktschluss appelliert Ismene nochmals an Kreon und bringt Haimon in Erinnerung. Doch auch dies bleibt ohne Wirkung. Ebenso bleibt der Appell des Chors (574) wirkungslos. Kreons fester Entschluss steht am Ende des Akts.

Zweites Standlied des Chors (Zweites Stasimon)

Inhalt: Thema des Liedes ist der Fluch und das mit ihm verbundene Elend, das unausweichlich ein ganzes Geschlecht treffen kann. Konkret wird der Stamm des Labdakos vorgeführt. Einzelne Stationen werden in Erinnerung gerufen, so Ödipus, und nun auch das letzte Glied in der Kette, Antigone, die der Fluch trifft. Der Blick wird ausgeweitet. Vom einzelnen Beispiel wird auf das Menschengeschlecht generell übergegangen. Hoffnung ist zwar für viele ein Trost, sie erweist sich aber immer wieder als trügerisch. Wer vom Fluch getroffen wird, glaubt zwar, das Gute zu wollen, er gerät aber unweigerlich in Schuld.

Dramatische Funktion / Thema: Was Ismene im vorausgehenden Akt schon andeutete (563 f.: „Wer unterm Fluche lebt, dem bleibt / Der eingeborne Sinn nicht unzerstört!"), wird nun vom Chor aufgegriffen: Der Fluch steht im Mittelpunkt der Betrachtung. Schon bisher (379 f., 471 f.) wurde dieser Fluch thematisiert, der Antigone begleitet.

Wenn einmal ein von den Göttern verhängter Fluch ein Geschlecht getroffen hat, so wird dieser Fluch von Generation zu Generation weiter Unheil bringen. Freilich, das bleibt hier am Rande zu vermerken: Am Anfang steht menschliche Verfehlung, wie es auch bei Laios der Fall war, der sträflich das Gastrecht missachtete. In seinem Geschlecht wird der Fluch dann von Generation zu Generation weitergegeben. Alle, auch die Letzte, Antigone, fallen ihm zum Opfer. Die Ausweitung des Blickes in der dritten Strophe schließt praktisch alle Menschen in die Betrachtung ein und verweist auf das immer gültige Gesetz, wonach „[k]eines Menschen Leben sich frei von Unheil [erfüllt]" (614). Die letzte Strophe beschäftigt sich mit möglichen Hoffnungen, die sich immer wieder als trügerisch herausstellen, denn einmal dem Fluch anheim gefallen, gibt es keine Rettung. Wie auch immer man sich bemüht, man wird nicht frei von Schuld handeln können.

Dritter Akt (Drittes Epeisodion)

Inhalt: Ismene brachte am Ende des zweiten Akts Haimon, den Verlobten Antigones und Sohn des Kreon ins Spiel. Nun tritt er selbst auf. Der Chor kündigt ihn an und vermutet, die Sorge, er könne seine Braut verlieren, treibe ihn her. Haimon eröffnet das Gespräch, indem er deutlich macht, dass er als Sohn kommt und bereit ist, Kreon als Vater zu achten. Kreon legt ihm ausführlich seinen Standpunkt dar und macht deutlich, dass er, will er weiter glaubwürdig bleiben, nicht sich selbst Lügen strafen und von der bisherigen Linie abweichen darf. Als Schützer der Ordnung im Staat sieht er sich verpflichtet, auch im eigenen Haus Ordnung zu halten. So musste er Antigone verurteilen. Der Chor stimmt dieser Argumentation zu. Nun hat Haimon Gelegenheit, ausführlich seinen Standpunkt darzulegen. Er beruft sich auf die Meinung des gemeinen Mannes (690), die er auszusprechen wagt. Im Volk gilt Antigone als unschuldig. Man achtet ihre Tat und ihre Motive, sieht Pflichterfüllung und nicht Auflehnung. Haimon appelliert nun an Kreon, nachdem er deutlich seinen Status als Sohn in Erinnerung bringt, er möge zur Einsicht kommen und sich als klug erweisen, indem er nachgibt: „Drum beuge dich und wandle deinen Sinn!" (719) Auch die Ausführungen Haimons billigt der Chor. Nun kommt es zu einem Wortgefecht, in dem Kreon sich mehr und mehr als absoluter Herrscher versteht und Haimon, der sich als Vertreter der Volksmeinung sieht, ihm Vorhaltungen macht. Kreon versteift sich auf seinen Standpunkt und wirft seinem Sohn schließlich vor, er sei „weiberhörig" (750). So verliert auch Haimon die Besonnenheit und lässt sich zu dem Satz hinreißen: „Wärst du mein Vater nicht, spräch' ich: Du Narr!" (757) Das wiederum bringt Kreon so sehr in Rage, dass er den Befehl gibt, Antigone herbeizuschaffen und vor den Augen ihres Verlobten hinzurichten. Haimon wiederum wendet sich endgültig von seinem Vater ab: „Such dir Freunde, / Die deinen Wahnsinn sich gefallen lassen!" (764 f.) Im Dialog zwischen Kreon und dem Chor wird am Ende noch die Todesart, die Kreon vorgesehen hat, erläutert.

Dramatische Funktion / Thema: Kreon vertritt als Herrscher die Notwendigkeit der Unterordnung. Er besteht auf dem Gehorsam gegenüber dem Herrscher, der den Staat repräsentiert. Seine Aufgabe ist es, „das Ordnung-Schaffende zu schützen" (677). Antigone wirft er vor, sie habe offen den Gehorsam verweigert. Daraus zieht er die Konsequenz. Er muss persönliche Gefühle und verwandtschaftliche Beziehungen dem Staatsinteresse unterordnen, muss im eigenen Hause Ordnung halten, denn „[n]ur wer im eignen Hause sich bewährt, / Wird auch im Staat sich als gerecht erweisen" (661 f.). Kreon steigert nun allerdings den Anspruch des Herrschers und fordert gewissermaßen absoluten Gehorsam, wenn er feststellt: „Wen sich das Volk erkor, dem gilt's zu folgen / Im kleinsten – ob gerecht, ob ungerecht." (667 f.) Er erinnert an die Konsequenzen, die sich aus einer tolerierten Insubordination ergeben würden: Staaten stürzen, Kampfgenossen ergreifen die Flucht, ganze Häuser gehen zugrunde. Gesteigert wird der Ungehorsam in seinen Augen noch, wenn er im Interesse oder auf Veranlassung eines Weibes geschieht (678).

Haimon auf der anderen Seite stellt zunächst keineswegs seine Rolle als Sohn in Frage. Er betont, dass er als Sohn jederzeit zum Gehorsam bereit ist. Er gibt sich nun aber auch als Sprecher der Volksmeinung zu erkennen und wagt es, das auszusprechen, was bisher keiner zu sagen wagte, nämlich dass das Volk wohl einstimmig auf Antigones Seite steht und deren Tun billigt. Vorsichtig weist Haimon den Vater darauf hin, dass es keinesfalls negativ bewertet würde, wenn er Einsicht zeigte und flexibel auf bestimmte Erfordernisse reagierte. Solche Reaktionen haben nichts mit Wankelmut, wohl aber mit Klugheit zu tun und vom Klugen zu lernen ist lobenswert.

Damit freilich bringt er Kreon gegen sich auf. Der König fällt in sein altes Denkmuster zurück, wittert Verrat und Hörigkeit, Abhängigkeit. Er ist nicht bereit, sich vom Volk Befehle erteilen zu lassen (734), er steigert sich weiter und formuliert als rhetorische Frage: „Gilt nicht der Staat als Eigentum des Fürsten?“ (738) Für Haimons gediegene Argumente hat er nur Spott übrig, ja er verdächtigt seinen Sohn, so dass dieser die Rechtlichkeit des Handelns seines Vaters in Frage stellt: „[...] und trittst der Götter Recht mit Füßen!“ (745) Wiederum hat Kreon kein Argument. So bleibt ihm nur Unterstellung als Entgegnung: Haimon handelt „[i]n Weibes Fron“ (746). Schließlich geht Kreon überhaupt nicht mehr inhaltlich auf die Argumente und Vorhaltungen seines Sohnes ein. Er wird maßlos, droht und gibt schließlich den Befehl, Antigone vorzuführen und hinzurichten.

In der Schlussauseinandersetzung mit dem Chor steigert sich Kreons Hybris bis zur Blasphemie, wenn er im Zusammenhang mit der für Antigone vorgesehenen Todesart sagt: „Dort mag sie Hades, ihren einzigen Gott, / Anflehn, vielleicht erläßt er ihr das Sterben.“ (777 f.) und schließlich feststellt: „Dem Hades dienen ist verlorne Müh’.“ (780)

Drittes Standlied des Chors (Drittes Stasimon)

Inhalt: Thema des Liedes ist Eros, der als unbezwingbare Macht dargestellt wird, deren Herrschaftsbereich alles umfasst. Weder Götter noch Menschen können ihm entkommen. Seine Macht reicht sogar so weit, dass Gerechte Unrecht tun, dass Blutsverwandte aneinander geraten. Schließlich wird er als unbekämpfbar den „hohen Gesetzen" gleichgestellt.

Dramatische Funktion / Thema: Das im vorausgehenden Akt Erlebte, dass nämlich Liebe letztendlich den Ausschlag gab für Haimon, sich dem Vater zu widersetzen, wird in einen weiteren Rahmen eingebunden und unter übergreifendem Aspekt reflektiert. Die Gewalt des Eros wird zunächst als allumfassend vorgeführt. Kein Raum bleibt ihm verschlossen, weder die Menschen noch die Götter können sich seinem Einfluss entziehen. In der zweiten Strophe wird die Wirkung vorgeführt, wenn der Eros als so mächtig geschildert wird, dass er Gerechte zu unrechtem Tun verleiten kann. Im Rückgriff auf den vorausgehenden Akt wird das Zerwürfnis Kreon–Haimon als Folge des Eros dargestellt. So wird deutlich, dass der Eros den höchsten Göttern gleichgeordnet ist: „Hohen Gesetzen zur Seite / Thront er gewaltig." (798 f.)

Vierter Akt (Viertes Epeisodion)

Inhalt: Antigone wird zur Vollstreckung des Urteils geführt. Sie nimmt Abschied vom Leben. Der Chor bewertet einzelne ihrer Sätze nochmals und gibt einzelne Einschätzungen, die wiederum Antigone mehr beleidigen oder kränken, als dass sie Trost spenden. Kreon dringt auf eine Beschleunigung: Antigone hat „kein Wohnrecht" mehr „hier oben" (890). Noch einmal bewertet Antigone ihr Verhalten. Sie ist sich sicher, dass sie kein göttliches Gesetz verletzt hat (921). Sie fasst das Ziel, auf das sie zugeht, ins Auge. Auch wenn der Chor ihr Verhalten immer noch nicht richtig einschätzt, wenn Kreon sich abwendet, ist sie doch sicher, das alles zu erleiden, „[w]eil ich Heiliges heiliggehalten" (943).

Dramatische Funktion / Thema: Antigone scheint auf den ersten Blick verwandelt. Es ist nichts mehr zu spüren von ihrer früheren Festigkeit, ja Härte. Sie weiß, wohin ihr Weg führen wird und sie nimmt Abschied von der Sonne und vom Leben, denn „Acherons Braut soll ich werden" (815). Der Chor bewertet dieses Verhalten positiv: „Nach eignem Gesetz, wie keine der Fraun, / Schreitest du lebend hinab zum Hades." (821 f.) Antigone aber kann in diesen Worten keinen Trost finden, ebenso wenig wie in der folgenden Bewertung durch den Chor: „[g]ehst unter, gerühmt wie ein Gott" (837). Auch das empfindet Antigone als Spott und sie fragt nach dem Recht, nach dem sie verurteilt wurde. Der Chor gibt ihr die Antwort, wenn er den Trotz Antigones verantwortlich macht, aber auch die „Väterschuld" ins Feld führt (853 ff.). Diesen Gedanken greift Antigone auf und erinnert sich an die Ehe ihres Vaters. Der Chor verweist nochmals auf das von Kreon erlassene und von Antigone missachtete Verbot: „Unüberschreitbar aber bleibt / Der Machtbefugten Machtgebot." (873 f.) und betont, dass Antigone letztendlich selbst verantwortlich ist für ihren Untergang: „Eigner Drang trieb dich ins Verderben." (875) Es war die freie Entscheidung der Antigone, die hinter der Tat stand. Auf diesen Vorwurf geht Antigone nicht mehr weiter ein, denn zu oft schon hat sie all das widerlegt, was der Chor immer wieder ins Feld führt. Sie richtet den Blick nach vorn, und da wartet das Grab und es warten die Ihren. Sie sieht sich als die Letzte, die nun zu Vater, Mutter, zu Eteokles und auch zu Polyneikes kommt. Freilich ist ihr klar, dass sie sich dem Staat widersetzt hat (907), aber sie bestreitet nach wie vor Kreon das Recht, sie schuldig zu sprechen, denn: „Welch göttliches Gesetz hab ich verletzt?" (921) Ihr Frevel bestand am Ende darin, den Göttern wohlgefällig gewesen zu sein (924 f.). Der Chor will all das (noch) nicht einsehen. Er sieht immer noch Verstocktheit bei Antigone. Kreon wendet sich ab; Antigone kann nur noch einmal betonen: Ich sterbe, „[w]eil ich Heiliges heiliggehalten" (942).

In Antigones Schlusswort bricht ihr alter Stolz wieder durch. Sie ist von der Richtigkeit ihres Handelns überzeugt und hat nichts zu bereuen.

Viertes Standlied des Chors (Viertes Stasimon)

Inhalt: Dieses Chorlied thematisiert das Schicksal, dem nichts und niemand trotzen kann (951 ff.). Die Menschen haben angesichts dieses Schicksals nur die Möglichkeit, sich zu ergeben. An drei Gestalten der mythischen Welt wird die Unerbittlichkeit dieses Schicksals dargestellt.

Dramatische Funktion / Thema: Als erstes Beispiel wird Danae genannt, die in ein unterirdisches Verließ eingeschlossen wurde: Dem König von Argos, Agrisios, wurde prophezeit, ein Enkel werde ihn um Thron und Leben bringen. Um das zu verhindern, sperrte er seine Tochter Danae in einen ehernen Turm. Der Turm war für Zeus kein Hindernis. Er zeugte mit Danae Perseus.

Das zweite Beispiel nennt Lykurgos, den Dionysos in eine Felsengruft einschloss als Strafe für sein Vergehen: Lykurgos war der König der Edonen. Er verspottete die Dienerinnen des Dionysos und wurde daraufhin in einer Felsenhöhle festgesetzt, wo er verhungerte.

Als drittes Beispiel wird das Weib des Phineus mit ihren beiden Söhnen vorgeführt: Die erste Gemahlin des Phineus war Kleopatra, Tochter des Windgottes Borreas. Sie wurde von Phineus widerrechtlich verstoßen. Phineus nahm sich eine zweite Frau, welche Kleopatra festsetzen ließ, ihre beiden Söhne blendete und in einer Felsenhöhle verhungern ließ.

Die drei mythischen Figuren, an die hier erinnert wird, können einzelne Aspekte des Schicksals von Antigone vergegenwärtigen. Die drei wurden wie Antigone in eine grabähnliche Felskammer eingeschlossen. Alle drei ereilte, ob Mensch oder gottgeboren, die Moira. Sie ist nicht zu beeinflussen, es gibt keinen Widerstand gegen sie, sie trifft Schuldlose wie Schuldige.

Fünfter Akt (Fünftes Epeisodion)

Inhalt: Im fünften Akt greift nun der Vertreter der Götter selbst in das Geschehen ein. Teiresias, der apollinische Seher, tritt auf und berichtet Kreon von dem, was er beobachten musste.

Er berichtet von seinen Beobachtungen bei der Vogelschau, er sieht die Zusammenhänge zwischen Kreons Bestattungsverbot und der Entweihung der Altäre und fordert darum sofortige Umkehr. Kreon allerdings verfällt wiederum in sein altes Denkmuster. Seine starre Haltung lässt ihn auf seiner Position verharren, in der Auseinandersetzung mit Teiresias wirft er diesem sogar Bestechlichkeit vor. Möglicherweise ist Teiresias, so vermutet Kreon, von den innenpolitischen Gegnern gekauft. So reizt er den Seher. Der aber bleibt unerschütterlich und verflucht Kreon, ehe er weggeht. Der Chor versucht nun erstmals, Kreon zu ermahnen. Dieser beginnt, über eine Umkehr nachzudenken. Schließlich fordert der Chor Kreon auf, die Gruft Antigones zu öffnen und auch den unbestatteten Polyneikes zu begraben. Kreon ist bereit, sich zu verleugnen und nachzugeben.

Dramatische Funktion / Thema: Teiresias sieht den „barbarenhaften“ (1002) Zustand der Stadt. Er deutet das grelle Schreien der Vögel wie die Vorkommnisse beim Opfern als Resultat der Verseuchung der Stadt. Die Altäre sind entweiht, „[u]nd darum will kein Gott mehr unser Opfer“ (1019). Das bedeutet, sieht man die mythischen Bilder als Denkbilder: Das, was bisher die Stadt repräsentierte, was sozusagen als ihr Idealbild und damit als „Gott“ verehrt wurde, ist missachtet, ist nicht mehr Leitbild der Stadt.

Kreon lässt sich zunächst nicht besonders beeindrucken vom Appell des Sehers. Seine Hybris steigert sich noch in einer blasphemischen Argumentation: „Kein Mensch vermöchte Götter zu entweihn.“ (1044) Dabei deutet er bereits Gewinnsucht als Motiv des Sehers an. Teiresias aber hatte schon zu Beginn Kreon darauf hingewiesen, dass er bisher immer sein Wissen in den Dienst der

Stadt gestellt hat und dass Kreon bisher gut damit gefahren ist, wenn er der Weisheit des Sehers vertraute. Nun aber muss er sich den Vorwurf der Bestechlichkeit gefallen lassen und es bleibt ihm nur, mit seinen Waffen zu entgegnen. Wenn Kreon behauptet, „Die ganze Seherzunft liebt doch das Geld!“ (1055), so entgegnet ihm Teiresias: „Und die Tyrannen den gemeinen Raub!“ (1056) Das kann nun Kreon so nicht auf sich sitzen lassen. Allerdings: Teiresieas bleibt unerschütterlich, auch wenn ihn Kreon weiter reizt. Schließlich trifft der Fluch des Sehers den König: „Und darum lauern / Die unerbittlichen Erinnyen / [...] / Dich heimzusuchen mit demselben Fluch.“ (1073 ff.) Der Seher wendet sich ab. Die Art und Weise, wie er sich mit dem Fluch verabschiedet, muss Kreon doch beeindruckt haben, denn, nachdem der Chor als Erster die Fassung wiedergefunden hat und daran erinnert, dass bisher der Seher doch immer die Wahrheit sagte, wird Kreon nachdenklich. Er fürchtet das Unheil, das ihm Teiresias in Aussicht stellte.

Die Wirkung des Teiresias auf Kreon wie auf den Chor wird deutlich. Sowohl die Haltung des Chors wie die Kreons wird verändert. Endlich gibt der Chor Kreon den Rat: „Geh hin, befrei die Jungfrau aus der Gruft / Und gib dem Unbestatteten sein Grab!“ (1100 f.) Nach kurzem Zögern tritt die völlige Peripetie (der Umschwung) ein: Kreon kehrt um und sieht ein: „Weh dem, der kämpft mit der Notwendigkeit!“ (1106)

Fünftes Standlied des Chors (Fünftes Stasimon)

Inhalt: Der Gott der Stadt Theben, Dionysos, wird angerufen und besungen. Das Loblied beschreibt den Einflussbereich des Gottes. Er selbst wird angerufen, er möge „mit entsühnendem Schritt“ (1142) kommen und Erlösung bringen.

Dramatische Funktion / Thema: Im dramatischen Ablauf tritt eine Retardierung ein. Es ist zunächst offen, ob es gelingt, Antigone zu befreien. In der Ungewissheit der Pause singt der Chor ein Lied auf Dionysos, den Schutzgott der Stadt. Das Schlussbild, das den nächtlichen Tanz „der rasenden Frauen“ in Erinnerung ruft, dürfte bei den Zuhörern (die Tragödie wurde am Dionysosfest aufgeführt!) an eigenes Erleben während des Festes erinnern.

Schlussakt (Exodos)

Inhalt: In das hoffnungsvolle Preislied des Chors tritt der Bote mit seiner Unheilsbotschaft. Er kommt vom Schauplatz der tragischen Ereignisse und berichtet knapp von Haimon, der sich erst gegen den Vater wandte und dann, als dieser floh, sich selbst das Leben nahm.

Euridike nimmt den weiteren Bericht entgegen und erfährt, dass Antigone sich erhängt hat. Euridike geht ins Haus zurück und bringt sich um, während Kreon mit Haimons Leiche die Bühne betritt, was der Chor wiederum kommentiert: „In den Armen ein sichtbar Zeugnis / [...] nicht fremden Frevels, / Nein, was er selbst verschuldet!“ (1258 ff.) Kreon, der mehr und mehr einsieht, was er angerichtet hat, wird vom Chor bestätigt: „Ach, wohl zu spät gewahrtest du das Recht.“ (1270)

Dramatische Funktion / Thema: Die Erzählung des Boten („Botenbericht“) erlaubt es dem Dichter, dem Zuschauer das darzustellen, was im Mittelpunkt stehen soll. Dadurch, dass die blutigen Szenen hinter die Bühne verlagert werden und der Bote berichtet, hat der Autor die Möglichkeit, all das mitzuteilen, was er besonders betonen möchte.

Dabei wird in der Erzählung immer wieder verzögert, wird die Spannung erhöht. Kreon, der sich dem Grab nähert, vernimmt schon von ferne die Laute des Jammers, ehe er nahe kommt und die Ursache selbst sieht und den Urheber identifizieren kann: seinen Sohn, der verzweifelt vor der erhängten Antigone steht, der sich nun wild entschlossen gegen den Vater wendet und diesen töten will, der das Schwert am Ende dann gegen sich selbst richtet und sich umbringt.

Es wird deutlich: Antigone hat – wiederum mit der Festigkeit, die wir immer wieder an ihr gesehen haben – den Selbstmord einem langsamen Verhungern vorgezogen.

Erst am Ende der Szene wird der letzte Überlebende, Kreon selbst, vorgeführt. Er hat alle Stärke verloren, sieht sich schuldig und auch bestraft. Jetzt wird klargestellt: Kreon hatte Unrecht, seine Hybris, sein ins Maßlose gesteigerter Übermut, seine Selbstüberschätzung werden bestraft. Die göttliche Ordnung setzt sich durch, der Staat bleibt den göttlichen Gesetzen untergeordnet. Sein Anspruch an das Individuum hat Grenzen. Es gibt Rechte (und Pflichten) des Individuums, die über das hinausgehen, was der Staat durch Gesetze regulieren kann.

Bühnenfoto der *Antigone*-Inszenierung von Hansgünther Heyme, Köln 1970.
Foto: Stefan Odry, Köln

Aufbauschema

Akt	Inhalt	Funktion
Prolog	Antigone bittet ihre Schwester Ismene um Hilfe bei der Bestattung des Bruders Polyneikes	Exposition: Schürzung des Knotens; (Kreons Bestattungsverbot; Antigones Haltung)
Einzugslied des Chors	Siegeslied: Theben befreit	Exposition: Die Vorgeschichte; die politische Lage in Theben
1. Akt	Kreons Programm; Botschaft des Wächters vom Verstoß gegen das Bestattungsverbot	Chor als Kronrat; Funktion des Verbots; Eröffnung des Konflikts
1. Standlied des Chors	Der Mensch und seine ungeheuren Möglichkeiten	Allgemeine Darstellung der Konflikthintergründe
2. Akt	Antigone wird vor Kreon geführt und verhört; Ismene ergreift Antigones Partei	Auseinandersetzung Kreon –Antigone; Konfliktentfaltung
2. Standlied des Chors	Der Fluch der Labdakiden; Reflexion über die Macht des Schicksals	Antigone am Ende der Kette von Generationen
3. Akt	Haimons Versuch, Kreon umzustimmen; Kreons Härte	Notwendigkeit der Subordination; Kreon als Tyrann
3. Standlied des Chors	Der Eros als unbezwingbare Macht	Kreonfreundliche Erklärung des Handelns von Haimon
4. Akt	Antigones Abschied von der Welt	Antigone menschlich
4. Standlied des Chors	Das Schicksal als unausweichliche Größe	Antigones Schicksal wird mythisch eingebunden
5. Akt	Teiresias als Vertreter des göttlichen Bereichs greift ein; Kreon wehrt sich; Kreon kehrt um	Steigerung des Konflikts; Peripetie
5. Standlied des Chors	Loblied auf Dionysos, den Gott der Stadt	Retardierung
Exodos	Bote berichtet: Haimon und Antigone tot; Eurydike verübt Selbstmord; Kreon gebrochen und zerstört	Katastrophe; Lösung des Konflikts; Bewertung: Verurteilung Kreons

Textanalyse und Interpretation

1 Figuren

Der Wächter

Der Wächter greift in zwei Szenen in das Geschehen ein. Dabei handelt es sich um für ihn recht gegensätzliche Situationen. In beiden Situationen offenbart er ein und denselben Charakter. In ihm ist der dumm-dreiste, bauernschlaue Untertan zu sehen, dem es grundsätzlich nur darum geht, die eigene Haut zu retten. Antigone tut ihm zwar Leid, „[d]och das alles nehme ich / Natürlich nicht so wichtig wie mein Leben" (439 f.). Er hat überhaupt kein Verständnis für die Motive Antigones, wenngleich er staunend ihren Mut bewundert. Er setzt alles ein, wenn es darum geht, den eigenen Vorteil wahrzunehmen.

Im ersten Auftritt hat er eine unangenehme Botschaft zu überbringen. Er muss zugeben, dass trotz aller Aufmerksamkeit es nicht gelungen war, das Bestattungsverbot durchzusetzen. Hier wird bereits deutlich, dass es ihm vornehmlich darum geht, alles für die eigene Sicherheit zu tun, die eigene Unschuld zu beweisen. Umständlich und zögerlich rückt er mit der Botschaft heraus. Immer wieder betont er seine Unschuld, es wird deutlich, dass das eigene Ich im Zentrum des Denkens und Handelns steht. Gemeinplätze und sprichwörtliche Redensarten zieht er heran (232, 236, 277, 317, 319, 323), um seine Sehweise abzusichern.

Im zweiten Auftritt kehrt sich die Lage um. Der Wächter hat einen Erfolg zu vermelden: Die Übeltäterin ist gefasst. Nun wird das eigene Verdienst hervorgehoben. Wieder ist er redselig, allerdings gewinnt man den Eindruck, er bewundere irgendwie das für ihn unbegreifliche Heldentum Antigones.

Im Wächter können wir den typischen kleinen Mann sehen, der sich eben im Rahmen einer Tyrannis so verhält, dass ihm möglichst wenig Schaden entsteht. Er duckt sich, operiert umständlich und vorsichtig, stellt immer wieder seine Unschuld, aber auch seine Verdienste ohne Rücksicht auf Verluste anderer in den Vordergrund. Gerade an solchen Figuren wird deutlich, zu welchen Verhaltensweisen ein Bürger gezwungen wird, sollte er der Herrschaft eines Tyrannen ausgesetzt sein. In einer Demokratie aber, das ist der wohl beabsichtigte Hinweis, sind solche Verhaltensweisen weder angebracht noch notwendig. Gerade in dieser Demonstration der Folgen einer solchen Tyrannis mag Sophokles nicht nur die Vorzüge der athenischen Demokratie gepriesen haben. Es ist sehr wohl denkbar, dass er auch den warnenden Zeigefinger erhob und auf Tendenzen aufmerksam machen wollte, die sich unter Perikles auch in Athen abzuzeichnen begannen.

Teiresias

Teiresias, der blinde Seher, führt Lorbeerstab und Lorbeerkranz, beides weist ihn als Seher des Apoll aus. Seine Blindheit trennt ihn von der Welt und hält ihn offen für das Göttliche. Bisher hat er sich große Verdienste um den Staat erworben. Sein Ratschlag wurde bisher von den Herrschenden beachtet und hat dem Staat genutzt. Kreon gegenüber fühlt er sich zumindest gleichgestellt. Teiresias erlaubt es sich, Warnungen, aber auch Zurechtweisungen auszusprechen.

Als Seher bedient er sich der Vogelschau wie der Opferschau. Aus dem Flug und den Lebensäußerungen der Vögel wie aus den Umständen, die sich während eines Opfers zeigen, liest er den Willen und Ratschluss der Götter, bewertet Vergangenes und deutet Künftiges. Er hat die üblen Folgen des Bestattungsverbots gesehen: Die Altäre sind entweiht, die Götter wenden sich zürnend ab. Mit anderen Worten: Das, was bisher den Staat symbolisierte (die Götter), ist verletzt, barbarische Verhaltensweisen haben gebrochen mit dem, was bisher als kultiviert galt, die Opferherde sind entweiht, d. h. es ist fürs Erste zumindest nicht mehr möglich, das Volk im Kult zu vereinen. Er wendet den konkreten Fall ins Allgemeine: „In Haß zerrütten ganze Städte sich, / Wo an zerfetzten Leichen wilde Tiere / Und Hunde Totendienst versehn und Vögel / Mit Aasgeruch entweihn die Heiligtümer." (1080 ff.)

Kreon sieht (1033 ff.) in Teiresias einen bestochenen Feind, beschimpft ihn und die ganze Zunft der Seher als geldgierig.

Teiresias ist selbst weniger Figur als vielmehr Institution. Als solche ist er erhaben über die Vorwürfe Kreons und es kümmert ihn auch wenig, was Kreon an Bestechungsverdächtigungen vorbringt. Er bleibt unbeeindruckt, nimmt sich keineswegs zurück, steigert vielmehr seine Aussagen und endet mit der Ankündigung der großen Katastrophe.

Aus dem Munde des Teiresias sprechen die Götter. Er ist ihr Instrument, ihn zu bedrohen heißt die Götter zu missachten. Schließlich steigert sich auch Kreon bis zu dieser Blasphemie: Er zeigt sich entschlossen, das Bestattungsverbot selbst gegen Zeus durchzusetzen. (1039 ff.)

Ismene

Ismene hinterlässt, auf das ganze Stück gesehen, bei uns einen etwas zwiespältigen Eindruck. Und doch – wenn man genauer hinsieht – besteht kein Widerspruch zwischen den beiden Bildern, die sich abzeichnen.

Bei ihrem ersten Auftritt wird sie von der Schwester aufgefordert, sich doch an der Bestattung des Bruders zu beteiligen und dem Gebot Kreons Widerstand entgegenzubringen. Sie lehnt das ab und führt dafür verschiedene Gründe an. Zum einen spricht sie (59 f., 79) von dem Verbot so, als sei es ein Verbot, das – von den Bürgern erlassen – Gesetzeskraft beanspruchen kann. Zum andern aber (61 ff., 90, 92) weist sie darauf hin, dass sie der Gewalt des Herrschers weiche. Sie fügt sich der Obrigkeit (67) und betont gleichzeitig: „Maßlos zu handeln hat ja keinen Sinn." (68) Schließlich betont sie auch ihre Rolle als Frau, der es nicht bestimmt ist, sich mit Männern zu messen (62).

Ismene verachtet keineswegs das, was Antigone in den Mittelpunkt ihres Strebens stellt, aber sie will sich auch nicht gegen den Staat insgesamt stellen: „[...] doch der Stadt / Zum Trotz zu handeln, hab ich nicht die Kraft." (78 f.) Sie nimmt Spott und Verachtung der Schwester in Kauf, sieht den Gang der Schwester als sinnlos an, erkennt aber gleichzeitig die Berechtigung von Antigones Konzept: „[...] doch die Lieben liebst du recht." (99)

Nachdem Antigone gehandelt hat, solidarisiert sich Ismene mit der Schwester und behauptet gegenüber Kreon: „Ich hab's getan." (536) Mit anderen Worten: Sie hatte nicht den Mut zur Handlung. Da sah sie sich als schwache Frau. Nun aber fühlt sie sich stark genug, die Konsequenzen der Handlung mitzutragen und wie ihre Schwester die Strafe anzunehmen.

Wenn auch Antigone die Solidarität zurückweist und immer wieder betont, Ismene habe geglaubt, recht zu tun (557), so schätzt Ismene doch beider Verhalten als Vergehen ein, denn „[v]ergangen haben wir uns beide gleich" (558).

Damit wird deutlich: Ismene dient in ihrer Haltung, die wir nachvollziehen können, der umso deutlicheren Profilierung der Antigone. Während Ismene bereit ist, eingedenk ihrer weiblichen Schwäche auf Widerstand gegen die Staatsgewalt zu verzichten, erscheint die Entschlossenheit Antigones umso schärfer hervorgehoben. Zwar bestreitet sie nicht die Berechtigung der Handlungsmotive Antigones, doch sie sieht dieses Handeln als sinnlos an.

Ganz anders tritt sie bei ihrem zweiten Auftritt auf: Jetzt ist keine Schwäche mehr zu erkennen, sie ist entschlossen, die Tat Antigones zu verteidigen und gegebenenfalls auch zu sterben.

Haimon

Haimon ist der letzte lebende Sohn des Kreon und der Verlobte Antigones. Antigone und Haimon begegnen sich im Drama nicht. So erfahren wir nur wenig über das Verhältnis zwischen beiden. Fest steht nur: Haimon setzt sich für Antigone ein und riskiert es, den Zorn des Vaters auf sich zu ziehen. Am Ende, so ist zu schließen, wird seine große Liebe zu Antigone offenkundig, wenn er sich angesichts ihrer Leiche selbst umbringt.

Haimon sieht sich von Anfang an im Zwiespalt: Er steht zwischen dem Vater, dem er kindlichen Gehorsam und Ehrfurcht schuldet, und Antigone, die er liebt, von deren Handeln er auch überzeugt ist. Gleichzeitig ist er sich der jeweiligen Ansprüche bewusst, die hinter beiden Konfliktparteien stehen: Auf der Seite seines Vaters ist es der Anspruch des Herrschers, der sich als Repräsentant des Staates sieht, seitens Antigones fordert das Individuum seine Rechte ein, gestützt auf göttliches Recht. Dazu kommt sein Wissen um die allgemeine Volksmeinung, die keineswegs dem Herrscher Recht gibt.

Dem Vater gegenüber ist Haimon loyal. Er geht äußerst klug vor, wenn er versucht, dem Vater die Volksmeinung nahe zu bringen und ihn so zu bewegen, seinen Beschluss zu ändern. Er bittet den Vater, der Stimmung im Volk, die er wiedergibt, Rechnung zu tragen (692 ff.). Erst nach und nach macht er dem Vater aus seiner Sicht berechtigte Vorwürfe, wirft ihm schließlich vor, er versündige sich gegen die Götter. Selbst als sein Vater beginnt, heftiger zu reagieren und ihn zu verdächtigen, ist er noch zurückhaltend. Erst als die Verdächtigungen allzu beleidigend werden und erkennbar wird, dass keine Chance besteht, Antigone zu retten, wird auch Haimon heftig, empört sich und eilt schließlich davon, um auf eigene Faust zu handeln.

Gerade in der Auseinandersetzung mit dem Vater im dritten Akt, wo dieser die völlige Machtvollkommenheit für sich reklamiert (738), bestreitet Haimon diesen Herrscheranspruch und setzt sich ein für die Rechte des Einzelnen wie für das Mitspracherecht des Volkes. Entschieden vertritt er die Überzeugung, Antigone sei im Recht und der Vater sei im Unrecht.

Als Haimon erkennt, dass sein Vater sachlichen Argumenten nicht zugänglich ist (726ff.), bezieht er offen Stellung, vergisst seine Vorsicht und argumentiert ebenfalls aggressiv, wie es sein Vater schon tut.

Die (berechtigte) Empörung des Haimon geht schließlich so weit, dass er, angesichts der Leiche seiner Verlobten, die Waffe gegen den Vater erhebt.

Der Chor

Nach Friedrich Schiller (In der Vorrede zur *Braut von Messina* schreibt Schiller „Über den Gebrauch des Chors in der Tragödie“) will der Mensch immer vom Besonderen ins Allgemeine gehen. Das bedeutet für die Tragödie: Auch dort muss Platz geschaffen werden für die abstrahierende Reflexion. Schiller glaubt, dies leiste der Chor in der klassischen Tragödie, der Chor, der selbst kein Individuum ist und den engen Kreis der Handlung verlässt, der Vergangenes und Künftiges, Fernes und Nahes verbindet mit dem, was sich konkret auf der Bühne abspielt, der dann schließlich auch die Rückbindung an das menschliche Leben und die daraus sich ergebenden Erfahrungen und Erkenntnisse leistet.

August Wilhelm Schlegel in seinen *Vorlesungen über dramatische Kunst und Literatur* (5. Vorlesung) sieht im Chor den „personifizierten Gedanken über die dargestellte Handlung, die verkörperte und mit in die Darstellung aufgenommene Teilnahme des Dichters als des Sprechers der gesamten Menschheit“. Schlegel sieht eine weitere Funktion im Chor, wenn er schreibt: „Der Chor ist mit einem Worte der idealisierte Zuschauer.“

Bei Sophokles müssen wir nun aber vorsichtig sein. Bei ihm steht der Chor keineswegs außerhalb. Er stellt eine fest umrissene „Figur“ der dramatischen Handlung dar. (In *Antigone* handelt es sich um die Mitglieder des Thronrates.) Aus dieser Rolle heraus kommentiert er das Geschehen, nimmt Stellung und greift sogar beratend und appellierend ein.

Kreons erster Auftritt gibt Auskunft über die Zusammensetzung des Chores: Er besteht aus bedachtsamen Männern, die bisher immer redlich dem Thron des Laios gedient hatten und ebenso zu Ödipus' Zeiten treu zum Staat und seinem Herrscher standen. Auch als Ödipus die Stadt verlassen hatte, hielten sie seinen Söhnen die Treue. Sie wurden von Kreon als Kronrat zusammengerufen und so verstehen sie sich auch selbst (160).

Der Chor wird seiner ihm von Kreon zugedachten Rolle zunächst gerecht, wenn er dem Herrscher das Recht zuspricht, in der Stadt so zu agieren, wie er das für richtig hält. Er bestätigt Kreons Position: „Sohn des Menoikeus, du bestimmst, es soll / Dem Freund und Feind des Staates so ergehn. / Nach jeglichem Gesetz steht dir wohl zu, / Mit uns, ob tot, ob lebend, zu verfahren." (211 ff.)

Der Chor ist also keineswegs „Sprachrohr des Dichters", er steht auch nicht für das Publikum, dessen Empfindungen und Bewertungen er innerhalb der Handlung artikulieren könnte. Eindeutig ist er Partei. Er besteht aus Anhängern des Herrscherhauses, akzeptiert Kreons Macht und den konkreten Fall führt er auf allgemeine Aussagen zurück.

Allerdings kommen dem Chor schon nach der ersten Meldung des Wächters einige Zweifel (278 f.), wenn er fragt, ob da eventuell ein Gott am Wirken war. Kreon aber bringt ihn schnell wieder auf die gewünschte Linie. Diese Linie verlässt er vorläufig nicht, auch wenn er bisweilen ins Wanken gerät. Selbst bei Antigones Abschied ist der Chor noch der Meinung, sie habe gegen Dike (Göttin des Rechts) gefehlt und müsse nun völlig zu Recht all das erdulden.

In den Liedern freilich hat der Chor eine andere Position. Hier verknüpft er das konkrete Geschehen um Kreon und Antigone mit allgemeinen Überlegungen, mit Erfahrungen, auch mit solchen, die bereits in Mythen ihren Niederschlag gefunden haben.

In der Auseinandersetzung Haimons mit seinem Vater Kreon vermeidet es der Chor, entschieden für den einen oder anderen Partei zu ergreifen. Er bestätigt vielmehr sowohl die Rede des Haimon als auch die des Kreon. Er ist zwar zu diesem Zeitpunkt noch der Meinung, Antigones Handeln sei gegen das Gesetz und damit gegen den Staat gerichtet gewesen und abzulehnen, aber er kann die vom Haimon ins Feld geführte allgemeine Volksmeinung nicht dementieren. Allerdings schlägt sich der Chor dann doch wieder auf die Seite Kreons, wenn der das Verhalten Haimons als völlig im Bann des Eros bewertet.

Erst der Auftritt des blinden Sehers Teiresias führt zu einem Gesinnungswandel. Jetzt hat der Chor mehr und mehr den Mut, Kreon zur Umkehr aufzufordern (1111). (Allerdings stellt sich dieser Mut erst so richtig ein, als Kreon deutliche Zeichen eines Gesinnungswandels oder doch einige Zweifel an seiner bisherigen Haltung erkennen lässt.) Jetzt sieht auch der Chor Kreons Verfehlung als ein hybrides Aufbegehren gegen göttliches Recht.

Am Schluss bleibt es dem Chor vorbehalten, auch das Ende des Kreon zu kommentieren: „Allen Segens Anfang heißt Besinnung, / Was der Götter ist, entweihe keiner! / Überhebung büßt mit großem Falle / Großes Wort, dem Alter zur Besinnung.“ (1349 ff.)

Kreon

Nach dem Tod der beiden Söhne des Ödipus ist Kreon der rechtmäßige Herrscher in Theben. Das wird vom Volk zumindest vorläufig anerkannt. In dieser Funktion wird er auch vom Chor immer wieder bestätigt. Wir haben keinen Grund daran zu zweifeln, dass Kreon sein Amt angemessen ausfüllt. Wir hören zwar schon zu Beginn in der Exposition, dass Antigone mit dem Bestattungsverbot des Herrschers nicht einverstanden ist, dass sie darin vielmehr einen tyrannischen Eingriff in einen Bereich sieht, in dem das Individuum und seine Verpflichtungen Vorrang haben gegenüber den Ansprüchen des Staates, doch diese Position Antigones wird nicht nur von Ismene in Frage gestellt.

Der Chor bestätigt immer wieder die Legitimität des Herrschers: „Nach jeglichem Gesetz steht dir wohl zu, / Mit uns, ob tot, ob lebend, zu verfahren.“ (213 f.)

Aber auch Teiresias stellt Kreon nicht als Herrscher in Frage. Er verweist vielmehr darauf, dass dieser bisher recht gut damit gefahren ist, wenn er die Ratschläge des Sehers befolgte (993 ff.).

Kreon war also legitimer Herrscher und als solcher stand es ihm zu, Gebote zu erlassen und deren Einhaltung zu überwachen bzw. Sanktionen zu verhängen.

Im ersten Akt stellt Kreon die politische Situation in Theben dar. Außenpolitisch scheint nach der Niederlage der Feinde die Situation geklärt, innenpolitisch aber herrscht keine volle Klarheit. Es steht zu vermuten, da können wir Kreon folgen, dass auch Polyneikes Anhänger in Theben hatte und dass damit ein innenpolitischer Unsicherheitsfaktor besteht, der die Situation des Herrschers Kreon noch gefährdet erscheinen lässt. Es muss Kreon daher zunächst um eine Konsolidierung der innenpolitischen Zustände gehen. Er muss Klarheit schaffen darüber, wer im Staat das Sagen hat und wer bereit ist, den Anordnungen des Herrschers Folge zu leisten. Das Bestattungsverbot bietet Gelegenheit, Freund und Feind zu trennen, klar zu machen, dass es für den, der den Staat bedroht, kein Pardon gibt, auch über den Tod hinaus.

Mit dem Verbot greift Kreon auf einen urtümlichen Brauch zurück, den toten Feind unbestattet liegen zu lassen und ihn den Vögeln und Hunden zum Fraß zu überlassen. Allerdings bleibt zu bedenken, dass dieser Brauch längst überholt ist. Inzwischen ist es Pflicht geworden und entspricht dem religiös-kulturellen Bewusstsein der Zeit, die Toten zu bestatten. Die Frage stellt sich also, ob es dem Herrscher auch gestattet ist, Gebote zu erlassen, die in Kollision geraten können mit übergeordneten Gesetzen des Menschseins bzw. mit Grundsätzen und Ansprüchen, die über den Ansprüchen des Staates anzusiedeln sind.

Aus den Versen 661 bis 675 können wir Kreons Maxime ableiten: Jemand, der sich dem Gesetz und dem Staat widersetzt, kann weder Verständnis noch Zustimmung erwarten. Auf der anderen Seite kann derjenige, den das Volk sich zum Herrschenden gewählt hat, absoluten Gehorsam fordern. Der Chor bestätigt dieses Selbstverständnis und verweist insbesondere auf den Menschen, der ohne die Polis nicht zu leben vermag und somit auch an deren Gesetze gebunden ist. Im Vers 667 wird Kreons Auffassung besonders deutlich. Dort fordert er Gehorsam „[i]m kleinsten – ob gerecht, ob ungerecht". Diesen Gehorsam fordert er nicht nur vom Volk allgemein, sondern in besonderer Weise auch von den Mitgliedern der Familie, nahm doch das Unglück des Staates gerade im Familienzwist der beiden Brüder seinen Ausgang. Hier sich zu widersetzen bedeutet zuchtlos zu sein. Und in jeder solchen Zuchtlosigkeit vermutet Kreon eine Auflösungstendenz.

Kreon sieht sich immer als Repräsentant des Staates und als solcher fordert er unbedingten Gehorsam ein. Wenn Kreon fordert, man solle ihm gehorchen, so bedeutet das also nichts anderes als ein Einfordern von Gehorsam dem Staat gegenüber.

Der Chor bestätigt ihn immer wieder, sogar in der Auseinandersetzung mit Haimon. Selbst in seinem Lied über die Macht der Liebe bestätigt er letztlich Kreons Vermutung, Haimon habe nur um der Frau willen so gehandelt (791 ff.).

Haimon sieht das freilich anders. Er sieht im Vater den willkürlichen Herrscher, der alles auf sich bezieht und von sich selbst her beurteilt. Einige der Verhaltensweisen des Kreon bestätigen diesen Verdacht Haimons, so, wenn er tatsächlich überall Verrat und Opposition gegen seine Person wittert oder wenn er sich lästernd-blasphemisch über die göttlichen Gebote hinwegsetzt.

Entsprechend verhält sich Kreon gegenüber den verschiedenen Figuren: Immer wittert er Verrat, sieht er Pflichtvergessenheit, vermutet er Korruption.

Kreon und die übrigen Figuren

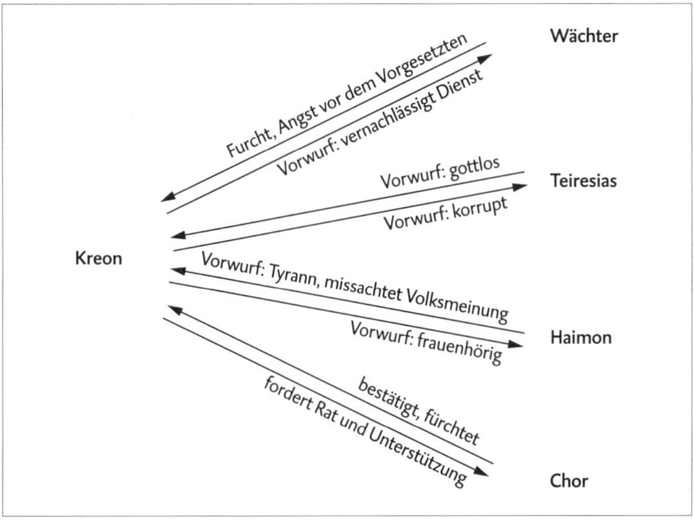

Gerade im Verhältnis zu Teiresias wird deutlich, wo wir den entscheidenden Fehler Kreons vermuten dürfen. Sein starres Festhalten am Verbot sowie seine ungerechtfertigten Vorwürfe gegenüber dem Seher führen dazu, dass dieser den Fluch ausspricht und ihn mit der Hybris des Kreon begründet.

Diese Hybris ist wohl in der Selbstüberschätzung zu sehen, nicht in seinem Festhalten am Staatsgesetz, sondern eben in seiner starren Haltung, die von der Überzeugung lebt, er selbst sei nicht nur Repräsentant, sondern auch Mittelpunkt (ja sogar: Besitzer!) des Staates, und als solchem stehe es ihm zu, ohne Rücksicht auf andere Interessen, ja selbst unter Missachtung göttlicher Gesetze,

Gebote zu erlassen und deren Einhaltung durchzusetzen.

Wir können also in Kreon zum einen den verantwortungsvollen Staatsmann sehen, der das Interesse des Staates als oberstes Gebot auch über sein eigenes Leben stellt und bereit ist, diesem Staatsinteresse alles unterzuordnen, zum andern aber wird uns Kreon immer wieder dargestellt als der Tyrann, dessen Machtanspruch so weit geht, dass die Interessen des Individuums und auch die Interessen der Stadt (wenn man die Stadtgötter einmal so deuten will) missachtet werden.

Erst der Fluch des Teiresias bewirkt eine Umkehr. Ob Kreon hier aber schon wirklich einsichtig handelt, bleibt offen. Am Ende jedenfalls hat sich für ihn die Einsicht eingestellt, dass er falsch gehandelt hat und dass seine Umkehr zu spät kam: „Io, unsinnigen Sinnes / Tödlich starre Verschuldung!“ (1261 f.) „Weh mir! Auf keinen andern / Wälz ich von mir diese Schuld!“ (1317 f.)

Kreon zwischen göttlichem und menschlichem Gesetz

Göttliches Recht	**Staatsrecht**
Laß das Mädchen doch / Im Hades drunten einen Freier suchen! (653 f.) Dort mag sie Hades, ihren einzigen Gott, / Anflehn, vielleicht erläßt er ihr das Sterben. (777 f.) Dem Hades dienen ist verlorne Müh'. (780) ... weiß ich doch: / Kein Mensch vermöchte Götter zu entweihn. (1043)	Wem aber höher als sein Vaterland / Die Freunde stehn, der ist für mich nichts wert. (182 f.) Und niemals wähle ich den Feind der Stadt / Zu meinem Freunde, weil ich weiß: Sie ist's, / Die uns erhält, und steuern wir mit ihr / Auf rechter Bahn, gewinnen wir uns Freunde. Nach solchem Grundsatz fördre ich den Staat, / Und gleicher Herkunft ist auch mein Gebot ... (188 ff.) Wer aber einsteht für sein Volk, der wird / Von mir geehrt im Leben und im Tod. (209 f.) Zuchtlosigkeit, das ist das Allerschlimmste! (672) Drum gilt's, das Ordnung-Schaffende zu schützen (677) Gilt nicht der Staat als Eigentum des Fürsten? (738)

Am Ende, trotz aller Schwankungen des Urteils im vorausgehenden Drama, bestätigt der Chor die Verhaltensweisen Antigones, nimmt die bisherigen Urteile zurück und weist Kreon den Hauptteil der Schuld zu: „Fürwahr, da naht der Gebieter selbst, / In den Armen ein sichtbar Zeugnis – / Darf ich es sagen? – nicht fremden Frevels, / Nein, was er selbst verschuldet!“ (1257 ff.)

Antigone

Antigone, die Tochter des Ödipus und Schwester der beiden gefallenen Brüder Eteokles und Polyneikes, sieht sich in die Pflicht genommen und will, dem Bestattungsverbot des Herrschers zuwiderhandelnd, den Bruder Polyneikes bestatten. Sie beruft sich dabei auf göttliches Gebot, welches den von Menschen erlassenen Gesetzen, wie sie Kreon vertritt, übergeordnet ist. In den Versen 450 ff. begründet sie ausführlich ihre Tat und rechtfertigt sich. Im Zentrum ihrer Rechtfertigung steht die Relativierung Kreons und seiner Gesetze: „So groß / Schien dein Befehl mir nicht, der sterbliche, / Daß er die ungeschriebnen Gottgebote, / Die wandellosen, konnte übertreffen.“ (452 ff.)

Immer wieder spricht Antigone von ihrer Pflicht, den Familiengesetzen die Treue zu halten und den Bruder zu bestatten. Es bleibt allerdings zu fragen, ob das ihr eigentliches Motiv ist oder ob nicht doch eine weiter reichende Maxime ihr Handeln bestimmt, wenn sie die Rechte des Individuums gegenüber den Ansprüchen des Staates verteidigt gerade dort, wo es um Grundgrößen menschlicher Existenz geht. Ihr Verlobter Haimon ist von der Rechtmäßigkeit ihres Handelns ebenso überzeugt wie der Seher Teiresias. Sowohl aus dem Umkreis der Familie wie des Herrschers als auch aus dem Feld, das seine Legitimation vom Göttlichen her bezieht, scheinen Antigone und ihr Handeln also gerechtfertigt.

Antigone sieht sich verpflichtet, den Bruder zu bestatten und sie kommt ihrer Pflicht nach, auch wenn sie dabei den Tod riskiert. Sie besteht auf dieser Pflicht und ist zu keinen Konzessionen bereit. Aber: Geht es Antigone nur um die „Familienpflicht"? Sie betont immer wieder ihre Beziehung zur Familie, auch zu den toten Familienmitgliedern, sie beruft sich mehrmals auf diese Pflicht, die sie für wichtiger hält als das Staatsgebot. Aber hat sie diese Pflicht nicht spätestens nach dem ersten Bestattungsversuch schon erfüllt? Der Wächter erläutert bei seinem ersten Auftritt: Irgendjemand hat den Ritus der Bestattung vollzogen. Da ist nichts mehr dran zu ändern. Auch eine Säuberung der Leiche vermag den Ritus nicht mehr rückgängig zu machen. Was bedeutet nun die zweite Bestattung, bei der Antigone dann erwischt wird? Hier kann es nur darum gehen, die Auflehnung zu demonstrieren, gegen Kreon und sein Gebot öffentlich Front zu machen. Religiös ist das Handeln hier nicht mehr zu motivieren. Der religiösen Pflicht hatte Antigone beim ersten Mal Genüge getan.

Vor diesem Hintergrund bleibt als Motiv nur noch: der Wille zur politischen Demonstration und der Wille, beim Übertreten des Gebots erwischt zu werden. Damit soll nun nicht nur der Herrscher Kreon in Frage gestellt werden. Vielmehr geht es um ein Beharren auf den Ansprüchen und Rechten des Individuums gegenüber den Ansprüchen des Staates. Diese Autonomie, die Antigone für sich beansprucht, bringt der Chor auf den Begriff, wenn er ihren Abschied von der Welt kommentiert: „Nach eignem Gesetz, wie keine der Fraun, / Schreitest du lebend hinab zum Hades." (821 f.)

Genau diese Autonomie reklamiert Antigone schon in der Exposition. In der Auseinandersetzung mit Ismene ist sie sich ihres Handelns schon so sicher, dass sie sagen kann: „Auf die es ankommt, die weiß ich mir hold." (89) Dort schon ist sie bereit, sich von ihrer Schwester zu trennen aufgrund der Werte, die ihr etwas bedeuten, auf Kompromisse zu verzichten, dem Stärkeren zu trotzen und gegebenenfalls den Tod in Kauf zu nehmen.

Antigone zwischen göttlichem und menschlichem Gesetz

Göttliches Recht	Staatsrecht
Auf die es ankommt, die weiß ich mir hold. (89) Sie stammen nicht von heute oder gestern, / Sie leben immer, keiner weiß, seit wann. (456f.) An ihnen wollt' ich nicht, … schuldig werden vor den Göttern. (458f.) Welch göttliches Gesetz hab ich verletzt? (921)	Der das verkündete, war ja nicht Zeus, / Auch Dike in der Totengötter Rat / Gab solch Gesetz den Menschen nie. So groß / Schien dein Befehl mir nicht, der sterbliche, / Daß er die ungeschrieb-nen Gottgebote, / Die wandellosen, konnte übertreffen. (450ff.)

Antigone in der Konfiguration

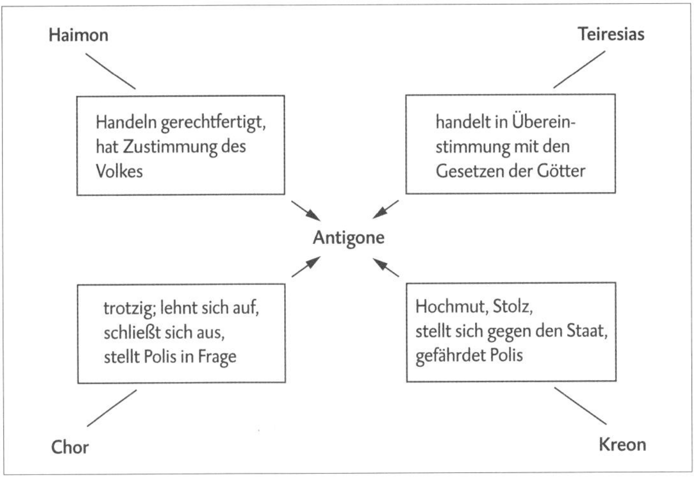

Antigone erscheint über weite Strecken als unerreichbare Größe. Menschlich wird sie in ihrem Abschiedslied. Sie, die noch in der Auseinandersetzung mit Ismene sagte: „Auch das Schlimmste, / Was ich muß leiden, ist ein schöner Tod“ (96f.), wird nun konfrontiert mit dem endgültigen Abschied von der Welt. Sie nimmt zwar nichts von ihrer Tat zurück, aber ihre Klage macht deutlich, dass auch sie ein Mensch mit Empfindungen ist, der dazu verurteilt wurde zu „[g]ehen den letzten Weg, / Schauen zum letztenmal der Sonne / Leuchten und niemals wieder" (807 ff.). Antigone, die das, was der Chor ihr als Trost zugedacht hat, nur als Beleidigung empfinden muss (839), fragt nun: „[N]ach was / Für Recht ich muß in den Kerkerschacht, / Ins unerhörte Grab." (848 ff.) Aber auch in dieser Abschiedsphase, in der ihr der Chor vor Augen hält: „Unüberschreitbar aber bleibt / Der Machtbefugten Machtgebot." (873 f.), fasst Antigone sich wieder und bringt ihr eigenes Tun nun doch auf den Begriff: Sie hat „[d]er Stadt [sich] widersetzt mit solcher Tat." (907) Zwar weiß sie, dass sie kein göttliches Gesetz verletzt hat (921), dass sie, „weil [sie] fromm war, Frevlerin" genannt wird (924), doch der Chor sieht auch dieses letzte Aufbäumen in der Linie, in der er Antigones bisheriges Handeln sah: Auflehnung gegen die Staatsmacht. „Noch reißen Stürme sie hin / Mit gleicher Gewalt wie zuvor." (929 f.) So bleibt Antigone am Ende nur noch die resignierende Feststellung: „Edle Thebaner, schaut mich an, / Die einzige, letzte vom Königsgeschlecht, / Was ich leide, von was für Volk, / Weil ich Heiliges heiliggehalten!" (940 ff.)

William Henry Rinehart (1825–1874), *Antigones Weihguß am Grab des Polyneikes.* Metropolitan Museum, New York

2 Motive und zentrale Aspekte

Schuld

Kreons Starrsinn spielt ohne Frage eine große Rolle, wenn wir nach Schuld fragen. Er sieht sich zunächst als Diener des Staates und glaubt sich auch von dieser Position her berechtigt, Gehorsam zu fordern. Allerdings überschätzt er mehr und mehr seine Rolle als Herrscher, fordert blinden Gehorsam und Unterordnung, auch wenn göttliche Gesetze entgegenstehen. Er besteht auf der Unterordnung unter den Staat und missachtet weiter reichende Forderungen, die aus dem Bereich familiärer Bindungen, aber auch aus dem Bereich der über den Tod hinaus reichenden Verpflichtungen kommen. Entsprechend wird er bestraft:

- Seinem Starrsinn gilt die Erfahrung: „zu spät“. Er musste den Starrsinn aufgeben und umkehren. Das alles geschah zu spät und er hat, das sieht er am Ende ein, die volle Verantwortung zu tragen.
- Seiner Missachtung familiärer Verpflichtungen gilt die härteste Strafe: Er verliert seine Frau und Haimon, seinen letzten Sohn. Er sieht sich als Zerstörer, als Schuldigen, als denjenigen, der als Mörder seines Sohnes dasteht: „Ich war von Sinnen, nicht du!“ (1269)

Haimon wie Euridike trifft keine Schuld. (Haimon könnte man höchstens anlasten, dass er in letzter Verzweiflung die Waffe gegen den Vater erhob.) Beider Tod stellt eine Bestrafung des Kreon dar. So rächt sich die Verfehlung des Vaters auch in den Nachkommen. (So wie der Fluch des Labdakidenhauses sich immer wieder zeigte.)

Die Frage nach der Schuld Antigones ist bis heute Gegenstand der Diskussion. Sie verletzt – das bleibt unbestritten – durch offenen Ungehorsam das von Kreon erlassene Bestattungsverbot, widersetzt sich so der Staatsautorität und missachtet das Staatsgesetz. Darüber hinaus reizt sie Kreon immer wieder durch ihre Starrheit. Ihr Hohn fordert Kreon weiter heraus. Zu Beginn klingt es schon etwas schwärmerisch, wenn sie mit dem Tod fast kokettiert. Erst in ihrem Abschiedslied wird deutlich, dass sie sehr wohl die Konsequenzen für sich selbst abschätzen kann.

Staatsgesetz – göttliches Gesetz

Kreon wie Antigone berufen sich auf Götter, Kreon wie Antigone berufen sich auf Gesetze. Was hat es nun mit diesen Gesetzen auf sich? Wie steht es um die Götter, die beide als Bezugspunkte ihres Handelns anrufen?

Für den Griechen in der attischen Demokratie war es ganz selbstverständlich, dass der Mensch sich und sein Zusammenleben mit andern im Staat (der Polis) organisiert fand. Aristoteles (384–322 v. Chr.) definiert den Menschen geradezu als „zoon politikon", d. h. als Lebewesen, das ohne die Polis nicht auskommt. Dieser Staat ist identisch mit dem Gesetz, das ihn trägt und das Handeln reguliert. Die Achtung vor diesem Gesetz war außerordentlich groß. Wir wissen z. B. von Sokrates, dass er nach seiner Verurteilung zum Tod die Möglichkeit hatte, sich dem Gefängnis und der Todesstrafe zu entziehen, dass er aber gerade unter Verweis auf die Gesetze, die er damit missachten würde, in Athen blieb und den Schierlingsbecher trank.

Wenn also Antigone vorgeworfen wird, sie habe das Staatsgesetz durchbrochen, so ist das ein ganz massiver Vorwurf, der auch in der Demokratie die Todesstrafe nach sich zog.

Aber auch Antigone beruft sich auf Recht und Gesetz und rechtfertigt so ihr Tun. Sie freilich spricht von den ungeschriebenen Gesetzen der Götter, von einem göttlichen Recht also, das sie dem vom Menschen gesetzten Recht vorzieht.

Was bedeuteten nun dem Griechen seine „Götter"? In der Tragödie ist immer wieder von Göttern die Rede, die Agierenden rechtfertigen von den Göttern her ihr Handeln, die Kommentierenden (Teiresias, Chor) beurteilen unter Berufung auf die Götter. Sehen wir genauer hin, so stellen wir fest, dass von je verschiedenen Göttern die Rede ist:

Spricht Kreon von Göttern, so meint er die Götter der Stadt. Unter diesen versteht der Grieche die Instanzen bzw. Gestalt gewordenen Vorstellungen von den obersten Idealen und Zielen, den Prinzipien einer Stadt, eines Staatswesens. Die Götter einer Stadt verkörpern all das, was einer Stadt wertvoll, was ihr heilig ist, sie stellen gewissermaßen ihre kulturell-geistigen, aber auch ihre materiellen Errungenschaften symbolhaft dar. Nicht zuletzt verkörpern diese Götter das soziale Band, das die Mitglieder einer Polis vereinigt.

Antigone spricht zwar auch von diesen Göttern, aber wenn sie ihr Handeln rechtfertigt, bezieht sie sich auf andere Größen. Dann ist die Rede von Hades und von Dike. Gemeinhin gilt Hades als der Gott der Toten, Dike als die Göttin der Gerechtigkeit. Wie sind nun diese beiden, vor allem: wie ist Hades zu interpretieren? Zunächst kann Hades angesehen werden als die Instanz, die für die Toten steht, deren irdische Existenz zu Ende gegangen ist. Hades hat mit den Lebenden insofern zu tun, als das, was die Toten geleistet haben, was sie einmal waren, weiter wirkt und die Lebenden beeinflusst. Dieses „Weiterleben" der Toten ist besonders sinnfällig in der Familie, die ja ohne diese ihre Toten nicht denkbar wäre. Darüber hinaus aber kommt Hades eine weitere, für die Lebenden besonders wichtige Bedeutung zu: Er repräsentiert die letzte Beschränkung menschlicher Existenz, den Bedingungsrahmen also, innerhalb dessen menschliches Leben sich vollzieht. Freilich bezieht sich Hades so immer auf den einzelnen Menschen. Er repräsentiert die grundlegende Existenzbedingung, die für das Individuum gilt, ihm ist letztlich das Individuum besonders „verpflichtet", wenn es sein Handeln so ausrichtet, dass es auch angesichts des Todes noch bestehen und gerechtfertigt werden kann.

So lassen sich nun Antigones wie Kreons Handeln und beider Selbstrechtfertigungen aufeinander projizieren und vergleichen.

Auch wenn wir gelegentlich blasphemische Äußerungen Kreons feststellen können, so müssen wir ihm doch grundsätzlich attestieren, dass er die Götter der Stadt achtet. Er weiß sich in ihrem Dienst, ja, er fühlt sich geradezu von ihnen legitimiert und vor ihnen verantwortlich, wenn er als Repräsentant des Staates agiert. Als Herrscher der Lebenden freilich will er möglichst wenig zu tun haben mit den Göttern der Toten. Er fühlt sich den Staatsgöttern verpflichtet, dort aber, wo er seine individuellen Motive, die letztlich auf Herrschsucht hinauslaufen, auslebt, gerät er in Konflikt mit der Größe, vor der sich letztendlich das Individuum zu rechtfertigen hat, eben mit dem Hades.

Antigone demgegenüber missachtet zwar keineswegs die Götter der Stadt, doch möchte sie deren Herrschaftsanspruch beschränkt sehen durch die ihrer Meinung nach übergeordneten Götter Hades und Dike. Ihre Hochschätzung der Stadtgötter reicht nun nicht so weit, dass sie bereit wäre, die individuellen Verpflichtungen hintanzustellen. Dabei geht es in ihrem Handeln nicht nur darum, ihren Pflichten als Familienmitglied nachzukommen oder die religiöse Pflicht des Bestattungsgebots zu erfüllen (siehe hierzu das zur Figur Antigone Ausgeführte). Mindestens mit der zweiten Bestattung spitzt Antigone den Konflikt zu: Es geht nicht mehr um die Familienpflicht (der wurde schon mit der ersten Bestattung Genüge getan), sondern um die Frage nach den Grundprinzipien und deren Gewichtung: Ist der Staat berechtigt, das Individuum so weit zu beschränken, dass es auf die Erfüllung weit reichender Verpflichtungen verzichtet? Antigone stellt dies in Frage und hebt das individuelle Recht, repräsentiert durch Hades, hervor.

Lösbar wäre der Konflikt nur, wenn es möglich wäre, beide Aspekte zu vereinigen, wie es der Schluss des ersten Chorlieds vorsieht: Der Mensch, der, „[e]hrend des Landes Gesetz / Und der

Götter beschwornes Recht" (368 f.), beiden Größen gerecht wird, wäre dann „hypsipolis", also groß und geachtet im Staat. Gerade diese Einheit aber herzustellen ist wohl auf der Ebene der allgemeinen Prinzipien vorstellbar, im konkreten Handeln aber wird es immer wieder zu tragischen Verstrickungen kommen.

Antigone mit zwei Wächtern vor Kreon. Die Tafel stammt von einer unterital. rotfig. Vase des Dolonmalers (etwa 400–380 v. Chr.). Britisches Museum, F. 175

Der Konflikt

Das Recht Kreons, Anordnungen zu treffen, die Feinde, auch tote Feinde, betreffen, wird weder vom Chor noch von sonst jemandem bestritten. Allerdings bleibt offen, ob Kreon hier nicht doch zu weit gegangen ist. In seiner Rede, in der er den Befehl begründet, gibt er seine patriotische Gesinnung zu erkennen und stellt sich ganz in den Dienst der Polis. In diesem Zusammenhang will er dann auch den Befehl gesehen wissen. Freilich liegt in seinem Handeln auch ein gewisses politisches Interesse. Kreon möchte für innenpolitische Klarheit sorgen und so dient ihm das Bestattungsverbot wohl auch als Prüfstein für alle, die bisher mit Polyneikes sympathisierten. Dem Verbot sich zu widersetzen bedeutet die Staatsgewalt in Frage zu stellen. So sieht es auch der Chor, wenn er in den Versen 373 f. Gesetzesübertreter als Leute charakterisiert, die den Staat gefährden. Wenn Kreon bereit gewesen war, von seinem Bestattungsverbot unter Umständen abzurücken, so wird das auf jeden Fall durch die aggressiven Verhaltensweisen Antigones verhindert. (Anouilh stellt diesen Aspekt in den Vordergrund: Bei ihm hat sich Antigone auf den Tod hin angelegt, Kreon möchte sie verschonen, sie aber lässt das nicht zu. Vgl. dazu S. 68)

Der Philosoph Hegel (1770–1831) arbeitete eine Ansicht vom Konflikt heraus, die zwar immer wieder Widerspruch hervorrief, die sich aber, gerade weil sie Widerspruch herausforderte, als besonders fruchtbar erwies.

Hegel ging davon aus, dass zwei gleichberechtigte Prinzipien mit gleich wichtigem Anspruch in Konkurrenz zueinander treten. Auf der einen Seite sieht er das Staatsprinzip, das sich manifestiert in den Staatsgesetzen, auf der anderen Seite das Prinzip Familienbindung, Liebe, individuelle Beziehungen, das sich im konkreten Handeln als Anspruch auf freien Lebensvollzug manifestiert, der auch ein Befolgen von religiösen Verpflichtungen wie dem Bestattungsgebot einschließt. Kreon repräsentiert nun die eine, Antigone die andere Seite. Das Tragische am Zusammentreffen beider ist darin zu sehen, dass eben beide, ganz gleich wie sie sich entscheiden und ihr Handeln ausrichten, gegen eines der beiden Prinzipien verstoßen müssen. So handelt es sich nach Hegel eben nicht nur um einen Konflikt, in den Antigone gerät, sondern auch um einen Konflikt, den Kreon zu bewältigen hat. Hegel unterscheidet die Ebene des Allgemeinen, des Normensystems, innerhalb dessen es zu keinem Widerspruch kommen kann, und die Ebene des konkreten Handelns, auf der Einseitigkeit zum Konflikt führt.

Hegel: Konflikt zwischen zwei gleichberechtigten Prinzipien

Ebene des Allgemeinen, der sittlichen Normen:	Familienliebe, das Innere, das Heilige →	← Staatsgesetz, Autorität der Regierung
	Harmonie /Ausgeglichenheit	
Ebene des konkreten Handelns:	Antigone: absoluter Anspruch, Zurückweisung entgegenstehender Ansprüche →	← Kreon: absoluter Anspruch, Zurückweisung entgegenstehender Ansprüche
	Konflikt als Resultat der Einseitigkeit	

Dem Ansatz Hegels wurde immer wieder widersprochen, auch wir können uns ihm nicht ganz anschließen, wenngleich wir die Berechtigung des Ansatzes nicht ganz abstreiten möchten. Unter dem Stichwort „Götter und Gesetze“ haben wir über Handlungsmotive Kreons und Antigones gesprochen. Beziehen wir das dort Gesagte in die gegenwärtigen Überlegungen ein, so ergibt sich: Hegel übersieht die hybride Selbstüberschätzung Kreons. Er behauptet die Gleichrangigkeit der beiden Prinzipien, ohne zu berücksichtigen, dass für Sophokles die ungeschriebenen Gesetze letztendlich doch Vorrang haben. Zu diesem Schluss jedenfalls muss man kommen, wenn man der Argumentation des Stückes folgt, an deren Ende eben nicht die Bestätigung des Kreon'schen Handelns durch den Chor, sondern die Kritik des Teiresias und die Erfüllung seiner Weissagung bzw. seines Fluchs steht. Nicht der Tod Antigones bildet so den Abschluss, sondern die Zerstörung Kreons durch das Schicksal steht am Schluss des Dramas.
Wir können nun einige Konfliktaspekte benennen: Da ist

- der Konflikt zwischen dem Herrscher und Repräsentanten des Staates auf der einen Seite und der Frau, die auf ihren Rechten als Individuum besteht, auf der anderen Seite;

- der Konflikt zwischen dem Politiker, der tagespolitische Entscheidungen fällt und auf deren Beachtung dringt, und der übergreifenden, dauernden Kultur, die nicht zulassen kann, dass einmal erarbeitete Errungenschaften einer tagespolitischen Entscheidung geopfert werden (das barbarische Bestattungsverbot stellt einen Rückfall in frühere, „unzivilisierte" Zustände dar);
- der Konflikt zwischen tyrannischem Herrscher und demokratischem Staatsbürger, zwischen der Omnipotenz des Alleinherrschers und der Forderung nach demokratischer Kontrolle der Macht, wie sie Haimon indirekt fordert.

Konflikte und Gegensätze

Antigone	**Kreon**
Frau, die auf ihren Rechten als Individuum besteht	Herrscher, der den Staat repräsentiert
Demokratischer Staatsbürger	Tyrann
Demokratische Kontrolle der Staatsmacht	Omnipotenz des Alleinherrschers
Unterordnung unter übergeordnete „Gebote der Götter"	Hybride Selbstüberschätzung
Übergreifende „Kultur" und individuelles Recht	Tagespolitische Entscheidung und rigide Durchsetzung

Verschärfend auf die Konfliktentwicklung wirkt sich aus, dass die beiden Handlungsträger und Repräsentanten der in Konflikt geratenen Prinzipien unerschütterlich an ihrer Position festhalten, ja geradezu starr ihre ins Auge gefassten Ziele verfolgen. Keiner von beiden ist bereit, sich dem andern anzunähern.

Diese Festigkeit lässt sich nun im Fall Antigones, die die ungeschriebenen Gesetze der Götter hinter sich weiß, als Beständigkeit positiv sehen, während Kreon sich „nur" auf seine Funktion im Staat berufen kann und negativ als starr erscheint.

3 Das Menschenbild des Sophokles

Angesichts der Selbstkonzeption Antigones, aber auch der Einstellung des Kreon stellt sich die Frage nach dem Menschenbild, von dem Sophokles ausgeht. Wie sieht er den Menschen? Welchen Normen ist der Mensch unterworfen, welche Fähigkeiten, welche Möglichkeiten hat er, Welt und Leben zu gestalten? Was beschränkt und begrenzt seine Aktionen?

Wichtige Teilantworten liefern uns die handelnden Figuren selbst in den Begründungen, die sie für ihr Verhalten anführen. Entscheidende Hinweise aber finden wir in den Chorliedern, die abstrakt wiedergegebene Kommentare und Verallgemeinerungen der konkreten Situationen enthalten. So verweist das zweite Stasimon auf schicksalhafte Verkettungen, die einen Fluch von Geschlecht zu Geschlecht weitergeben, wobei am Anfang immer ein Schuldigwerden eines Menschen steht. In aller Regel handelt es sich dabei um eine hybride Missachtung göttlichen Willens bzw. übergeordneter Mächte. Im dritten Stasimon lernen wir Eros als unbezwingbare Macht kennen. Der Mensch, der in den Einfluss dieser Macht gerät, kann ihr nicht mehr entkommen und vergisst unter Umständen alle seine bisherigen Einstellungen. Im vierten Stasimon wird der Mensch als dem Schicksal untergeordnet dargestellt. Er kann sich nicht gegen das Schicksal wehren, es bleibt ihm nur, sich zu ergeben.

Am deutlichsten und umfassendsten thematisiert das erste Stasimon das Thema Mensch. Man kann es sehen als Lied, das die Größe, aber auch die Gefährdungen menschlichen Wollens darstellt. Der Mensch ist sowohl zum Guten wie zum Bösen veranlagt. Wenn er aber Recht und Gesetz missachtet, wird er zum Feind der Polis, wird „apolis“. Das Lied fragt, was der Mensch kann und darf, welchen Beschränkungen er unterworfen ist.

Der Text ist klar gegliedert: Die erste Strophe benennt das Thema: Die Größe des Menschen, vielleicht aber auch die negativen Momente, die mit dieser Größe verbunden sind. Der Mensch wird dargestellt als Beherrscher des Meeres, aber auch als der, der die Erde bearbeitet. In der zweiten Strophe erscheint der Mensch als der Beherrscher der Tiere. Dabei hat er Gewalt sowohl über die Vögel als auch über die Bewohner des Meeres wie der Erde. In der dritten Strophe werden besondere Qualitäten des Menschen angesprochen: Zum einen wird auf seine Fähigkeit hingewiesen, zu sprechen und zu denken, zum andern wird er gezeigt als einer, der sich ein Dach schaffen und sich im Staat organisieren kann. Schließlich wird betont, dass er nie ratlos ist, immer einen Weg findet. Lediglich dem Tod gegenüber ist er machtlos. In der letzten Strophe wird festgestellt, dass der Mensch, gerade weil er so begabt ist, immer zwischen Gut und Böse steht, immer zu wählen hat. Die Überlegungen werden zugespitzt auf die Entscheidungsgrößen „des Landes Gesetz“ und „der Götter beschwornes Recht“ (368 f.).

Der Mensch wird hier tatsächlich als eine besondere „Größe“ gesehen. Das griechische Wort „deinon“, mit dem der Text eröffnet wird, kann zweierlei bedeuten: einmal kann es das Große, das Imponierende im Sinne von „ungeheuer groß“ bezeichnen, andererseits aber kann es auch das Abschreckende, Abscheuliche benennen. Das deutsche Wort „ungeheuer“ gibt ziemlich genau das wieder, was im Griechischen gemeint ist. Die Möglichkeiten des Menschen sind fast unbeschränkt. Der Tod setzt da eine Grenze. Eine zweite Beschränkung erfährt der Mensch in den Gesetzen des Landes und im göttlichen Recht. Das bedeutet, dass beide Bereiche, Staatsgesetz wie das göttliche Recht gleichermaßen als Leitgrößen für menschliches Handeln zu sehen sind. (Freilich: Die griechische Wendung, die hier mit „des Landes Gesetz“ übersetzt wird, – „nomoi chtonos“ – könnte auch die Gesetze der Unterwelt bezeichnen. Dann handelt es sich um das Begriffspaar: Gesetze der unterirdischen Götter – Gesetze der überirdischen Götter. Auch in diesem Fall würde es um die parallele Verpflichtung gegenüber den Gesetzen der Stadt wie den Gesetzen der übergeordneten Götter gehen.)

Übertragen wir nun das eben Gesagte auf das Stück selbst, so könnte in der Tragödie die Problematik thematisiert werden, die für Antigone wie für Kreon bestimmend ist: einerseits gibt es die Verpflichtung dem Staat gegenüber, andererseits die Verpflichtung gegenüber den „Überirdischen", die die Freiheitsrechte des Individuums repräsentieren. So könnte das Lied sowohl den Standpunkt Kreons als auch den Antigones relativieren. Bezogen auf Kreon könnte der Text als Mahnung gelesen werden, den Menschen nicht mehr als unbedingt notwendig einzuschränken. Gerade bezogen auf Antigone aber könnte der Text gesehen werden als Warnung vor allzu viel Freiheit. Er könnte eben auch „des Landes Gesetz" ins Gedächtnis rufen als unabdingbare Größe, will der Mensch „hypsipolis", d. h. angesehen im Gemeinwesen sein.

Bühnenfoto der *Antigone*-Inszenierung von Marion Poppenborg, Württembergische Landesbühne Esslingen, Mai 2000.
v. l.: Marius Marx (Teiresias), Stephan Larné (Kreon)
Foto: Markus Benk, Esslingen

4 Politische Dimension

Der zeitliche Rahmen, der für unsere Tragödie eine Rolle spielt, sei zunächst kurz umrissen:

477	Attischer Seebund (zur Fortsetzung der Perserkriege von der Seemacht Athen gegründetes militärisches Bündnis der griechischen Staaten)
462/61	Der Areopag (Gerichtshof in Athen mit großem politischen Einfluss) wird unter Ephialtes gestürzt
458–450	Reformen unter Perikles (Bürgerrechtsgesetz)
449	Umwandlung des Attischen Seebundes in ein Herrschaftsinstrument Athens
443–429	Perikles ist ununterbrochen Stratege (perikleische Zeit: Glanzzeit Athens, Höhepunkt klassischer griechischer Kultur, attische Demokratie, Volksversammlung als höchste politische Autorität)
431–403	Peloponnesischer Krieg (Auseinandersetzung Athens und des Attischen Seebunds mit Sparta und Höhepunkt des nach den Perserkriegen entstandenen Dualismus der beiden Großmächte; Niederlage Athens)

Wir müssen davon ausgehen, dass der Grieche zur Zeit des Perikles/Sophokles sich mit der Polis, mit seinem Staat identifizierte. Er konnte sich überhaupt nicht vorstellen, ohne die Polis zu existieren. Einige Zeit später formulierte Aristoteles diesen Umstand so: Der Mensch ist ein „zoon politikon", ein Lebewesen, das auf den Staat/die Polis angewiesen ist. Damit sind natürlich bestimmte Möglichkeiten, aber auch gewisse Restriktionen verbunden. Zum einen hat der Mensch die Möglichkeit, im Rahmen einer gewissen Rechtssicherheit zu leben und zu planen, darüber hinaus hat er die Möglichkeit der Mitwirkung im Staat. In der berühmten Rede des Perikles, die Thukydides überliefert (vermutlich hat sie Perikles so nicht gehalten; sie gibt aber dennoch Auskunft über die Denkweise der perikleischen Zeit), werden wichtige Konstituenten des Staates genannt: Die Demokratie verlässt sich auf die Mehrzahl ihrer Bürger, diese sind vor dem Gesetz gleich, ihre persönliche Leistung bestimmt ihr Ansehen. Freiheit bestimmt sowohl das Staatsleben wie das Privatleben. Politik ist jedermanns Sache. Der Staat ist aber dann gefährdet, wenn sich der Einzelne ihm verweigert. Aber auch, wenn allzu große Freiheit von den Einzelnen reklamiert wird, kommt keine Gemeinschaft zustande.

Im Idealfall also gibt es ein ausgewogenes Verhältnis zwischen individuellen Ansprüchen und den Ansprüchen des Staates. Aber, und so können wir den Zusammenhang zwischen unserer Tragödie und den politischen Zuständen sehen, wird der eine oder der andere Part überbewertet, greift der Staat zu sehr in die individuellen Rechte ein, oder verweigert sich das Individuum dem Staat, gerät das Gleichgewicht ins Wanken. Es bleibt die Frage nach der Priorität. Wer hat Vorrang, wenn es zur Kollision kommt?

Hier nimmt Sophokles eindeutig Stellung. Kreon und sein Verhalten werden als falsch dargestellt, zumindest dann, wenn es um grundsätzliche Angelegenheiten geht. Damit wird auch den Rechten des Individuums Priorität eingeräumt. Freilich dürfen diese Rechte nicht in jedem beliebigen Raum angesiedelt werden.

Bezogen auf die *Antigone* bedeutet das: Antigone ist in ihrem Handeln zwar bestimmt durch ihre Herkunft (Fluch des Labdakidenhauses ...), aber auch durch die Anforderungen des konkreten Falles (Familienliebe, Verpflichtung gegenüber „Hades“). Sie reklamiert für sich das Recht, autonom zu handeln und bezieht sich damit auf ein zeitlos gültiges Recht, dem ihrer Meinung nach das von Kreon vertretene Staatsrecht unterzuordnen ist. So wird Handeln im politischen Raum auch zur Demonstration des Rechtsanspruchs des Individuums auf humanen Lebensvollzug, der dann Vorrang hat, wenn der Staat sich daran macht, in unmenschlicher Art und Weise einzugreifen.

Zur Rezeption

Kaum ein Drama der Theatergeschichte hat so viel Beachtung gefunden wie die *Antigone* des Sophokles. Noch heute gibt es in fast jedem Jahr neue Inszenierungen, neue Versuche, sich mit dem 2 ½ Jahrtausende alten Drama aus aktuellen Situationen heraus auseinander zu setzen.

Die Auseinandersetzung mit *Antigone* begann wohl schon sehr früh. Aristoteles, der griechische Theoretiker und Philosoph, greift auf sie zu, wenn er einzelne Aussagen seiner Theorie an der Praxis festmachen will, Goethe setzt sich mit ihr auseinander, Hölderlin versucht eine eigene Übersetzung und legt eine eigenwillige Version vor, die heute noch – wenn auch schwer! – lesbar ist. Aber auch Philosophen wie Hegel ziehen die *Antigone* heran, um einzelne Aspekte ihrer Theorie zu erläutern.

Im 20. Jahrhundert treffen wir auf verschiedenste Bearbeitungen. Auf zwei wollen wir hier etwas ausführlicher eingehen. In beiden wird die seit Goethe, Hölderlin und Hegel sich abzeichnende widersprüchliche Interpretation des Stückes besonders deutlich greifbar.

Auf der einen Seite bearbeitet Bertolt Brecht die *Antigone des Sophokles* (1947) und legt ein Modell vor, in dem er den Hölderlin'schen Text zugrunde legt. Er schaltet ein Vorspiel vor, das gegen Ende des Zweiten Weltkriegs spielt und es erlaubt, die Antigone-Thematik aktuell zu begreifen. Für Brecht ist Antigone „die große Figur des Widerstands“. Er behält wichtige Motive des sophokleischen Stücks bei, vor allem Antigones Widerstand gegen Kreons Gebot. Dieser Widerstand wird nun aber als Kritik an der Tyrannis insgesamt formuliert. Brecht nimmt auch wichtige Veränderungen vor. So führt Kreon einen kriegerischen Konflikt herbei, um von der innenpolitischen Situation (seiner Tyrannis) abzulenken. Damit tritt das Problem der Antigone (Anspruch des Individuums gegenüber dem Staat) etwas zurück. In den Vordergrund tritt der Zerfall der tyrannischen Macht, die an sich selbst kaputt geht. Teiresias beschränkt sich darauf, Motive und Zusammenhänge offen zu legen. Kreon, der bei Sophokles am Ende umkehrt und zur Einsicht kommt aus Furcht vor den Göttern, handelt bei Brecht nach rein pragmatischen Überlegungen. Er braucht Haimon als Heerführer und möchte ihn zurückgewinnen. Am Ende bestätigt sich Brechts Grundsatz: „Der Mensch ist des Menschen Schicksal." Das ist nun doch eine entscheidende Abweichung vom Konzept des Sophokles.

Eine zweite moderne Bearbeitung verdient besondere Beachtung, die *Antigone* von Jean Anouilh. Er verlegt die Handlung gewissermaßen in die Gegenwart und verändert vor allem die Rolle Kreons. Kreon möchte Antigone vor dem Tod retten, ist durch und durch nachgiebig und human. Das tagespolitische Geschäft zwingt ihn aber dazu, den Befehl durchzuführen, denn Polyneikes gilt als Staatsfeind. Antigone hat sich von Anfang an auf den Tod hin angelegt. Für sie ist Polyneikes nur ein Vorwand. Entsprechend kommentiert Kreon nach dem Tod Antigones: „Polyneikes war nur ein Vorwand." Der Anouilh'sche Kreon macht Antigone klar, dass weder Polyneikes noch sein Bruder die Schwesterliebe verdient haben. Antigone gibt zwar zu, dass es absurd ist, einer Leiche wegen zu sterben, aber sie lässt von ihrem Entschluss nicht ab. Sie kann keinen Grund nennen außer eben diesen Willen, für den sie zu sterben bereit ist. So wird sie zur Figur, deren Handeln in eine „absurde Tragik" mündet, wenn sie selbst in ihrem Brief an Haimon schreibt: „Ich weiß nicht mehr, warum ich sterbe." Damit wird ihr Todeswille unabhängig von irgendwelchen zufälligen Motiven und möglicherweise als die mit ihrer Existenz gegebene Bedingung ihres Daseins erklärt.

Literaturhinweise

Verwendete Buchausgabe:
SOPHOKLES: *Antigone.* Stuttgart: Reclam 1998 (RUB 659)

EHRENBERG, VIKTOR: *Der Staat der Griechen.*
Zürich: Artemis ^{2}1965
Aus der Sicht des Historikers werden hier die wesentlichen Faktoren dargestellt, die das ausmachen, was der Grieche unter „Polis“ verstand.

HAMBURGER, KÄTE: *Von Sophokles zu Sartre. Griechische Dramenfiguren antik und modern.* Stutttgart: W. Kohlhammer 1962
Die Rezeption der wichtigsten antiken Dramenfiguren wird in knappen Zügen vorgestellt. Dabei werden die antiken Figuren von den späteren Bearbeitungen her interpretiert.

LESKY, ALBIN: *Die griechische Tragödie.*
Stuttgart–Leipzig: Alfred Kröner 1938
Die erhaltenen Tragödien der Griechen werden in ihren Entwicklungszusammenhängen vorgestellt.

REINHARDT, KARL: *Sophokles.*
Frankfurt/Main: Klostermann 1947
Zählt zu den wichtigsten Interpretationen des sophokleischen Werkes.

SEECK, Gustav ADOLF (Hrsg.): *Das griechische Drama.*
Wissenschaftliche Buchgesellschaft Darmstadt 1979
In einzelnen Aufsätzen werden wichtige Aspekte des griechischen Dramas (Aufführungsbedingungen ...) vorgestellt.

SIMON, ERIKA: *Das antike Theater.* Heidelberg: Kerle 1972

Ein guter Überblick über die wichtigsten Aspekte, die für das antike Theater wichtig waren.

ZIMMERMANN, BERNHARD: *Die griechische Tragödie.* München–Zürich: Artemis und Winkler ^{2}1992

Die großen Tragödien werden in ihrer Entwicklung und in ihren historischen Zusammenhängen dargestellt und interpretiert.

Ihre Meinung ist uns wichtig!

Ihre Anregungen sind uns immer willkommen. Bitte informieren Sie uns mit diesem Schein über Ihre Verbesserungsvorschläge!

Titel-Nr.	Seite	Vorschlag

Bitte hier abtrennen

Die echten Hilfen zum Lernen ... **STARK**

Bitte hier abtrennen

Zutreffendes bitte ankreuzen! Die Absenderin/der Absender ist:

- ☐ Lehrer/in in den Klassenstufen: ____
- ☐ Fachbetreuer/in
  Fächer: ____
- ☐ Seminarlehrer/in
  Fächer: ____
- ☐ Regierungsfachberater/in
  Fächer: ____
- ☐ Oberstufenbetreuer/in
- ☐ Schulleiter/in
- ☐ Referendar/in, Termin 2. Staatsexamen: ____
- ☐ Leiter/in Lehrerbibliothek
- ☐ Leiter/in Schülerbibliothek
- ☐ Sekretariat
- ☐ Eltern
- ☐ Schüler/in, Klasse: ____
- ☐ Sonstiges: ____

STARK Verlag
Postfach 1852
85318 Freising

14-V1P

Bitte ausfüllen und im frankierten Umschlag an uns einsenden. Für Fensterkuverts geeignet.

Kennen Sie Ihre Kundennummer? Bitte hier eintragen.

Absender (Bitte in Druckbuchstaben!)

Name/Vorname ____

Straße/Nr. ____

PLZ/Ort ____

Telefon privat ____ **Geburtsjahr** ____

E-Mail ____

Schule/Schulstempel (Bitte immer angeben!)

Unterrichtsfächer: (Bei Lehrkräften!)

STARK Interpretations-hilfen und Trainingsbände

für die Oberstufe

Deutsch Interpretationen

Deutsch – Interpretationshilfen 1
Aus dem Inhalt: Goethe: *Faust, Iphigenie;* Schiller: *Maria Stuart, Wallenstein, Don Carlos;* Tieck: *Der blonde Eckbert;* E.T.A. Hoffmann: *Der goldne Topf;* Kleist: *Michael Kohlhaas, Prinz Friedrich von Homburg;* Eichendorff: *Aus dem Leben eines Taugenichts;* Büchner: *Woyzeck, Lenz;* Mörike: *Mozart auf der Reise nach Prag;* Fontane: *Effi Briest, Frau Jenny Treibel;* Hebbel: *Maria Magdalena;* Hauptmann: *Rose Bernd, Bahnwärter Thiel*
■ .... Best.-Nr. 94407

Deutsch – Vom Expressionismus bis zur Literatur der DDR
Aus dem Inhalt: Trakl: *Grodek;* Benn: *Mann und Frau gehen durch die Krebsbaracke;* Döblin: *Berlin Alexanderplatz;* Kästner: *Sachliche Romanze;* Rilke: *Der Panther;* Brecht: *Der gute Mensch von Sezuan;* Horváth: *Geschichten aus dem Wiener Wald;* Kafka: *Der Prozeß, Die Verwandlung;* H. Mann: *Der Untertan;* Musil: *Die Verwirrung des Zöglings Törleß;* Seghers: *Das siebte Kreuz;* Enzensberger: *Fremder Garten;* Bachmann: *Reklame;* Böll: *Die verlorene Ehre der Katharina Blum;* Dürrenmatt: *Die Physiker;* Frisch: *Homo faber;* Grass: *Die Blechtrommel;* Walser: *Ein fliehendes Pferd;* Weiss: *Verfolgung und Ermordung Jean Paul Marats;* Brecht: *Böser Morgen;* Biermann: *Und als wir ans Ufer kamen;* Wolf: *Kassandra*
■ .... Best.-Nr. 94408

Interpretationshilfen zu Einzellektüren:

Brecht: *Der aufhaltsame Aufstieg des Arturo Ui* .... Best.-Nr. 2400281
Brecht: *Der kaukasische Kreidekreis* Best.-Nr. 2400171
Brecht: *Leben des Galilei* .... Best.-Nr. 2400011
Brussig: *Am kürzeren Ende der Sonnenallee* .... Best.-Nr. 2400201
Büchner: *Dantons Tod* .... Best.-Nr. 2400121
Büchner: *Woyzeck* .... Best.-Nr. 2400041
Büchner: *Leonce und Lena* .... Best.-Nr. 2400261
Camus: *L'Etranger/Der Fremde* .... Best.-Nr. 2550041
Eichendorff: *Aus dem Leben eines Taugenichts* ...... Best.-Nr. 2400071
Eichendorff: *Das Marmorbild* .... Best.-Nr. 2400081
Fontane: *Effi Briest* .... Best.-Nr. 2400371
Frisch: *Homo faber* .... Best.-Nr. 2400031
Goethe: *Faust I* .... Best.-Nr. 2400511
Goethe: *Gedichte (1771–1783)* .... Best.-Nr. 2400181
Goethe: *Die Leiden des jungen Werther* .... Best.-Nr. 2400051
Hein: *Der fremde Freund/Drachenblut* ...... Best.-Nr. 2400061
Kafka: *Die Verwandlung/Das Urteil* .. Best.-Nr. 2400141
Keller: *Romeo und Julia auf dem Dorfe* .... Best.-Nr. 2400321
Kerner: *Blueprint. Blaupause* .... Best.-Nr. 2400391
Lessing: *Emilia Galotti* .... Best.-Nr. 2400191
Lessing: *Nathan der Weise* .... Best.-Nr. 2400501
Th. Mann: *Der Tod in Venedig* .... Best.-Nr. 2400291
Th. Mann: *Tonio Kröger/ Mario und der Zauberer* .... Best.-Nr. 2400151
Nooteboom: *Die folgende Geschichte* Best.-Nr. 2400251
Sartre: *Huis clos/ Geschlossene Gesellschaft* .... Best.-Nr. 2550051
Schiller: *Don Carlos* .... Best.-Nr. 2400161
Schiller: *Kabale und Liebe* .... Best.-Nr. 2400231
Schiller: *Maria Stuart* .... Best.-Nr. 2400271
Schlink: *Der Vorleser* .... Best.-Nr. 2400101
Schneider: *Schlafes Bruder* .... Best.-Nr. 2400021
Sophokles: *Antigone* .... Best.-Nr. 2400221
Storm: *Der Schimmelreiter* .... Best.-Nr. 2400381
Strittmatter: *Raabe Baikal* .... Best.-Nr. 2400241
Süskind: *Das Parfum* .... Best.-Nr. 2400091
Timm: *Die Entdeckung der Currywurst* .... Best.-Nr. 2400301
Vanderbeke: *Das Muschelessen* .... Best.-Nr. 2400331

Deutsch Training

Training Methoden Deutsch .... Best.-Nr. 944062
Deutsch 11. Klasse .... Best.-Nr. 90405
Aufsatz Oberstufe .... Best.-Nr. 84401
Abitur-Wissen Erörtern und Sachtexte analysieren .... Best.-Nr. 944064
Abitur-Wissen Textinterpretation Lyrik, Drama, Epik .. Best.-Nr. 944061
Abitur-Wissen Deutsche Literaturgeschichte .... Best.-Nr. 94405
Abitur-Wissen Prüfungswissen Oberstufe .... Best.-Nr. 94400
Kompakt-Wissen Rechtschreibung ...... Best.-Nr. 944065
Lexikon Autoren und Werke .... Best.-Nr. 944081

Latein Training

Abitur-Wissen Lateinische Literaturgeschichte .... Best.-Nr. 94602
Kurzgrammatik .... Best.-Nr. 94601
Wortkunde .... Best.-Nr. 94603
Kompakt-Wissen Kurzgrammatik .... Best.-Nr. 906011

(Bitte blättern Sie um)